Aliento
para cada
día

Sustento espiritual para mujeres

CASA PROMESA

Una división de Barbour Publishing, Inc.

Título en inglés: *Everyday Encouragement*

ISBN 978-1-64352-623-2

Desarrollo editorial: Semantics, P.O. Box 290186, Nashville, TN 37229, semantics01@comcast.net

Publicado por Casa Promesa, un sello de Barbour Publishing, Inc, 1810 Barbour Drive, Uhrichsville, Ohio 44683 www.casapromesa.com

Nuestra misión es inspirar al mundo con el mensaje transformador de la Biblia.

Member of the
Evangelical Christian
Publishers Association

Impreso en China.

Contenido

Introducción

Y el mismo Jesucristo Señor nuestro,
y Dios nuestro Padre… conforte
vuestros corazones, y os confirme
en toda buena palabra y obra.

2 TESALONICENSES 2:16-17

Algunos días necesitamos una mano
tierna que nos levante y una voz que
susurre aliento a nuestros oídos. La vida
puede ser todo un desafío, y cuando los
problemas llegan a nuestro encuentro, nos
desanimamos. Pero Dios no nos falla, no
importa lo que nos deparen nuestros días.
Su Palabra provee consuelo para todos
nuestros problemas. En estas páginas,
espero que sientas el toque de su tierna
mano y encuentres fuerza para cada día.

Enojo

El plan de Dios

*Por esto, mis amados hermanos,
todo hombre sea pronto para oír,
tardo para hablar, tardo para airarse.*

SANTIAGO 1:19

Dios da un buen consejo sobre el enojo. A menudo, si escuchamos con atención y sujetamos nuestra lengua, no nos enojaremos en un principio. Una buena comunicación previene gran parte del trauma emocional. Las emociones heridas a menudo nos hacen decir palabras que lamentamos, simplemente empeorando el problema. Por tanto, cuando nos sintamos tentadas a enojarnos, detengámonos, escuchemos y sujetemos nuestra lengua durante un ratito. Ese es el plan de Dios para unas relaciones más pacíficas.

Una solución meditada en oración

*Quiero, pues, que los hombres
oren en todo lugar, levantando manos
santas, sin ira ni contienda.*

1 Timoteo 2:8

El enojo se convierte en una verdadera
trampa, incluso para los cristianos.
Cuando intentamos resolver las diferencias
enojadamente, terminamos en un gran
problema, que afecta e incluso destruye
toda una congregación. Una solución
para el enojo es la oración. Es difícil estar
enojada con alguien por quien oras,
incluso si esa persona continúa irritándote.
A medida que el Espíritu de Dios trabaja
en tu corazón, le puedes dar a la otra
persona dos, tres o incluso ciento tres
oportunidades más. En Jesús, el enojo
no puede perdurar.

SOLTANDO EL ENOJO

Y manifiestas son las obras de la carne,
que son: adulterio...idolatría, hechicerías,
enemistades, pleitos, celos, iras.

GÁLATAS 5:19-20

No es algo que nos guste oír, pero,
según Dios, el enojo está junto a
pecados como el adulterio o la idolatría.
La mayoría de nosotras nos sentimos
ocasionalmente coléricas, pero si
estos sentimientos se aferran a nuestras
vidas y terminan en amargura, caemos en
pecado. Cuando el enojo toca nuestras
reacciones, usémoslo como una señal de
aviso de un asunto que requiere nuestra
atención. Con una sabia acción y oración,
no tiene porqué controlarnos.

BUEN ENOJO

Airaos, pero no pequéis; no se ponga
el sol sobre vuestro enojo.

EFESIOS 4:26

Tenemos razones válidas para enojarnos
cuando vemos el daño cometido contra
el inocente. Pero Dios nos dice que no
dejemos que ese enojo dure mucho.
Tenemos que acudir a Él en oración,
considerar en Él el asunto y finalmente
dejarlo en sus manos. Si podemos ayudar
a corregir el mal, deberíamos, pero darnos
el lujo de revolcarnos en la situación hasta
ponernos furiosas no es una opción. Que
el enojo nos lleve a hacer el bien, no a
arruinar nuestra salud emocional.

PALABRAS SUAVES

La blanda respuesta quita la ira;
mas la palabra áspera hace subir el furor.

PROVERBIOS 15:1

La manera en que hablas puede afectar
mucho a los que te rodean. Si alguien se
sulfura, ¿sofocas ese enojo con palabras
calmadas, o le inflamas con palabras
duras? ¿Comienzas un incendio forestal
con tu hermana que te irrita, o apagas
el fuego con palabras blandas? El calor
del enojo hace imposible que tomemos
buenas decisiones, pero la Palabra de Dios
ofrece consejo que trae paz a nuestras
vidas. Las palabras suaves nos llevan a
tomar mejores decisiones.

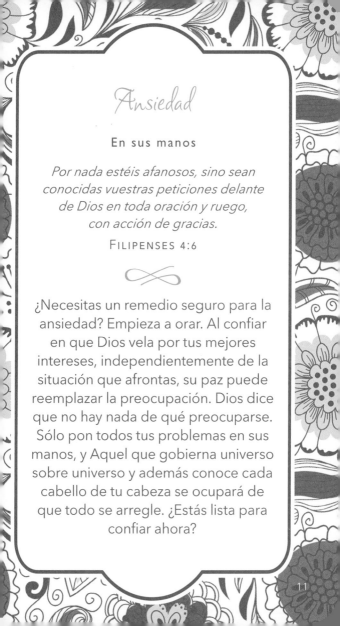

Ansiedad

En sus manos

*Por nada estéis afanosos, sino sean
conocidas vuestras peticiones delante
de Dios en toda oración y ruego,
con acción de gracias.*

FILIPENSES 4:6

¿Necesitas un remedio seguro para la
ansiedad? Empieza a orar. Al confiar
en que Dios vela por tus mejores
intereses, independientemente de la
situación que afrontas, su paz puede
reemplazar la preocupación. Dios dice
que no hay nada de qué preocuparse.
Sólo pon todos tus problemas en sus
manos, y Aquel que gobierna universo
sobre universo y además conoce cada
cabello de tu cabeza se ocupará de
que todo se arregle. ¿Estás lista para
confiar ahora?

¡Hoy!

*Así que, no os afanéis por el día de
mañana, porque el día de mañana traerá
su afán. Basta a cada día su propio mal.*

MATEO 6:34

Puedes detenerte a pensar y obsesionarte
con el futuro, o tomarte la vida día a día
y disfrutarlo; pero sólo vives en el
hoy, no en las semanas, meses y años
venideros. Sólo puedes cambiar la vida
en el momento en que estás ahora. Como
preocuparse nunca mejora el futuro y
sólo daña el hoy, te será más beneficioso
confiar en Dios y disfrutar del lugar
donde Él te ha puesto ahora.

DIOS ESTÁ EN CONTROL

¿Y quién de vosotros podrá,
por mucho que se afane,
añadir a su estatura
un codo?

MATEO 6:27

¿Qué ganamos con preocuparnos? No puede cambiar la duración de nuestros días, salvo disminuir la salud de nuestro cuerpo. Finalmente, la preocupación es lo más autodestructivo que podemos usar. Además, ¿por qué ceder a la preocupación cuando Dios controla nuestra vida? Él siempre nos pondrá en el camino correcto, así que no tenemos que angustiarnos por los detalles de la vida.

COMPARTIR CON JESÚS

Echando toda vuestra ansiedad sobre él,
porque él tiene cuidado de vosotros.

1 PEDRO 5:7

No tienes ninguna preocupación en el
mundo que no puedas compartir: con
Jesús. No hay ni una sola cosa que Él no
quiera oír de ti. Antes de pedirle a una
amiga que ore por ti (lo cual deberías
hacer), asegúrate de compartir tu
preocupación con tu mejor Amigo: Jesús.
Tus amigas humanas intentarán ayudarte y
puede que lo consigan, pero nadie ayuda
como Jesús. No hay ninguna preocupación
que Él no puede aliviar o quitar.

Bendiciones

Bendecir a otros

*Nos fatigamos trabajando con
nuestras propias manos; nos
maldicen, y bendecimos; padecemos
persecución, y la soportamos.*

1 Corintios 4:12

Dios le dio a Pablo muchas
bendiciones, y el apóstol las
transmitió, aunque los receptores
pareciera que realmente no las
merecían. Los que le maldijeron
(y sin duda que fueron muchos)
no recibieron a cambio otra
maldición, sino que Pablo intentaba
bendecirles. ¿Seguimos nosotras
el ejemplo del apóstol? Cuando otros
nos maldicen con sus palabras, ¿cuál
es nuestra respuesta?

Oración poderosa

Jehová te bendiga, y te guarde;
Jehová haga resplandecer su rostro
sobre ti, y tenga de ti misericordia.

Números 6:24-25

¿Quieres orar por alguien? Esta es una buena manera de hacerlo. Es la bendición que Dios les dio a Aarón y a sus hijos para que la pronunciaran sobre Israel. ¿Qué cristiana no apreciaría estas palabras, encomendándose al cuidado de Dios y queriendo estar más cerca de Él? ¿Quién despreciaría las buenas cosas que Dios nos ofrece? ¿Puedes bendecir a tus amigas y familia con estos pensamientos hoy?

VIVIENDO PARA CRISTO

Porque si vivís conforme a la carne, moriréis; mas si por el Espíritu hacéis morir las obras de la carne, viviréis.

ROMANOS 8:13

Vivir para Cristo a través de su Espíritu ofrece una vida real, desbordante y abundante. Las bendiciones salpican en las vidas obedientes, pero el mundo, en guerra con Dios, no lo entiende. Los incrédulos nunca sienten el toque del Espíritu en sus corazones y sus vidas, y el tierno amor de Jesús es algo ajeno a ellos. Haz morir las fechorías mundanas, y en lugar del vacío del mundo, recibirás bendiciones.

Aférrate a la esperanza

La esperanza de los justos es alegría;
mas la esperanza de los impíos perecerá.

Proverbios 10:28

Confiar en Jesús te dio nueva vida
y esperanza de la eternidad; así que,
¿cómo respondes cuando la vida se
vuelve oscura y turbia? ¿Se escabulle la
esperanza? Cuando no hay una gran obra
espiritual que sea obvia, no supongas
que Dios te ha abandonado. Aférrate a
Él con más firmeza y confianza, porque Él
cumplirá sus promesas. Verdaderamente,
¿qué otra opción tienes? Sin Él, la
esperanza desaparece.

Una vida obediente

Bienaventurados los perfectos de camino,
los que andan en la ley de Jehová.

Salmo 119:1

¿Quieres ser bendecida? Entonces
no vivas una vida llena de pecado.
Dios no puede derramar bendiciones
sobre alguien que constantemente
ignora sus mandamientos. Las
bendiciones les pertenecen a los
que escuchan la Palabra de Dios y la
obedecen, viviéndola en amor. ¿Quieres
ser bendecida? Obedece al Señor,
y vivirás sin culpa y llena de gozo.

Niños

Comparte tu fe

*Instruye al niño en su camino,
y aun cuando fuere viejo
no se apartará de él.*

PROVERBIOS 22:6

¡Qué promesa para los padres
cristianos! Cuando te sientas
presionada por la tarea, anímate,
no estás sola; tu Padre está contigo
y promete que el testimonio eficaz
de tu vida, al enseñar a tus hijos
los caminos de Él, les bendecirá.
Los padres que acaban de aceptar
a Cristo pueden empezar hoy el
entrenamiento. Nunca es demasiado
tarde para compartir tu fe con los
que más amas.

Un buen ejemplo

Dejad a los niños venir a mí,
y no se lo impidáis; porque de los tales
es el reino de los cielos.

Mateo 19:14

En la tierra, Jesús amaba a los niños.
Nunca les gritó. Aunque su juventud
les daba poco crédito en Israel, Él vio el
potencial de fe en ellos. Ciertamente los
niños amaban a Jesús también, por su
amabilidad. ¿Impedimos que los niños se
acerquen a nuestras vidas porque estamos
demasiado ocupadas o tenemos cosas más
"importantes" en nuestra mente? Entonces
necesitamos seguir el ejemplo de Jesús.
Para un nuevo comienzo en el reino de
Dios, pasa tiempo con un niño hoy.

El regalo de los niños

He aquí, herencia de Jehová son los hijos;
cosa de estima el fruto del vientre.

Salmo 127:3

Hoy día, muchas personas ven a los niños
más como un castigo que como una
recompensa, pero cuando oyes a los
padres decir que desearían no haber
tenido hijos, sabes que se lo están
perdiendo. Dios crea familias para amarse
unos a otros y compartir sus gozos. Los
padres que viven honestamente su fe
ante sus hijos también pueden guiarles a
una buena vida familiar. ¿Son tus hijos una
bendición? Él te los ha dado como una
recompensa, no como un castigo.
¿Les tratas de ese modo?

Sabia corrección

La vara y la corrección dan sabiduría;
mas el muchacho consentido
avergonzará a su madre.

Proverbios 29:15

En el mundo de hoy, el temor del abuso a menores nos ha hecho ignorar este versículo. ¿Hemos perdido, por tanto, el poder de la corrección que les da a nuestros hijos sabiduría? Al igual que Dios nos frena de hacer el mal, necesitamos detener a nuestros hijos también. No es necesario que toquemos físicamente a un niño para modificar su comportamiento. ¿Disciplinaremos las malas acciones ahora, o perderemos la oportunidad de estar orgullosos de nuestros hijos con dominio propio que aman al Señor?

Consuelo

Dios de consolación

[Dios] nos consuela en todas nuestras tribulaciones, para que podamos también nosotros consolar a los que están en cualquier tribulación, por medio de la consolación con que nosotros somos consolados por Dios

2 CORINTIOS 1:4

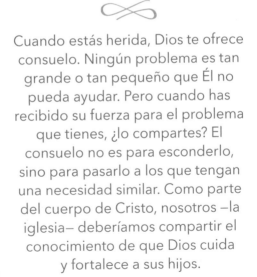

Cuando estás herida, Dios te ofrece consuelo. Ningún problema es tan grande o tan pequeño que Él no pueda ayudar. Pero cuando has recibido su fuerza para el problema que tienes, ¿lo compartes? El consuelo no es para esconderlo, sino para pasarlo a los que tengan una necesidad similar. Como parte del cuerpo de Cristo, nosotros –la iglesia– deberíamos compartir el conocimiento de que Dios cuida y fortalece a sus hijos.

ALCANZANDO

Porque de la manera que abundan en nosotros las aflicciones de Cristo, así abunda también por el mismo Cristo nuestra consolación.

2 CORINTIOS 1:5

Pablo conocía el dolor de la persecución, pero también conocía el profundo consuelo que Dios ofrecía. Cuando la gente le daba problemas al apóstol, Dios acercaba a su siervo a su corazón. Cuando vengan las pruebas a tu vida, Dios hará lo mismo por ti. Si la vida va siempre bien, el consuelo no tiene sentido; pero cuando estás en medio de los problemas, Él viene a tu lado con un amor tierno que desborda tus pruebas y alcanza a otros.

Renovación de fe

Como aquel a quien consuela su madre,
así os consolaré yo a vosotros.

Isaías 66:13

Como una tierna madre, Dios consuela
a su pueblo. Cuando la vida nos desafía,
tenemos un lugar para renovar nuestra
fe. En lugar de cuestionar la compasión
de Dios porque estamos en una prueba,
podemos acercarnos más a Él, intentando
hacer su voluntad. Rodeados de sus
brazos tiernos, obtendremos fuerza para
salir y enfrentarnos de nuevo al mundo.

Dador de consuelo

Vosotros más bien debéis perdonarle y
consolarle, para que no sea consumido
de demasiada tristeza.

2 Corintios 2:7

¿Conoces a alguien que se apene
por su pecado? Entonces no sigas
recordándoselo. Si ha buscado el perdón
y lo ha dejado atrás, está muerto. En vez
de criticar, recuérdale el poder de Dios
que obra en su vida. Anímale cuando la
tentación pronuncie su nombre, y así no
será vencida por el dolor ni volverá a caer
en el pecado de nuevo. Da consuelo,
y serás una bendición.

Contentamiento

La provisión de Dios

Pero gran ganancia es la piedad
acompañada de contentamiento.

1 TIMOTEO 6:6

Pablo advirtió a Timoteo en contra de
los falsos maestros que querían usar
la iglesia para ganancia económica.
Si esas personas estaban buscando
seguridad, estaban en el canal
equivocado. El dinero, el cual viene
y va, nunca nos da una verdadera
protección. Nuestra seguridad está
en la provisión de Dios. Tengamos
o no una gran cantidad en el banco,
podemos sentir contentamiento
en Jesús. Aquel que nos trajo a
este mundo nunca olvidará que
necesitamos comer, vestir y todo
lo demás. Cuando confiamos
verdaderamente en Jesús, nos
seguirá, sin lugar a dudas,
el contentamiento.

MIRA AL PASTOR

Jehová es mi pastor; nada me faltará.

SALMO 23:1

No importa cuáles sean tus circunstancias
físicas, si Jesús es tu Pastor,
espiritualmente nunca te faltará nada.
No importa lo que el mundo te depare,
puedes tener paz. No hay temor que
pueda con quienes siguen al Pastor
como su Rey. Él les guía por cada prueba,
llevándoles fielmente a una eternidad con
Él. ¿Te falta hoy el contentamiento?
Mira al Pastor y tendrás paz.

Amor vigilante

Pues he aprendido a contentarme,
cualquiera que sea mi situación.

Filipenses 4:11

Pablo no estaba escribiendo sobre un
contentamiento donde tengamos
que apretar los dientes. Él había
aprendido a confiar profundamente
en Dios para sus necesidades, así que
el apóstol no se preocupaba por los
acontecimientos futuros. Su fuerza
residía en Dios, quien cuidaba de cada
una de sus necesidades, incluso cuando
las iglesias se olvidaban de él. Nosotras
también podemos estar contentas en
Jesús. Si el jefe no nos da un aumento de
salario o llega una factura inesperada,
Él lo sabe, porque nada escapa de su
vigilante amor en nuestras vidas.

CONTENTAMIENTO EN LOS PROBLEMAS

*El temor de Jehová es para vida, y con él
vivirá lleno de reposo el hombre;
no será visitado de mal.*

PROVERBIOS 19:23

Dios no ha prometido que nunca
tendremos problemas, pero sí
ha prometido algo incluso más
importante. En medio de los problemas,
experimentaremos la verdadera vida:
el contentamiento en medio de la
confusión, la duda o el alboroto. ¿Qué
prefieres, problemas y vida en Jesús,
o sólo problemas? No puedes evitar los
problemas aquí en la tierra, pero
comparte la vida con Él y te seguirá
el contentamiento.

Muerte

Perspectiva eterna

¿Dónde está, oh muerte, tu aguijón?
¿Dónde, oh sepulcro, tu victoria?

1 CORINTIOS 15:55

Nada en este mundo alivia el dolor de la muerte. Perder a un ser querido alcanza hasta la parte más honda de nuestra alma. Pero con su sacrificio, Jesús venció permanentemente el aguijón de la mortalidad. Los que confían en Él no viven por unos pocos años, sino por una eternidad. Cuando el pecado toma sus vidas, simplemente se cambian al cielo. Cuando perdemos a seres queridos, nuestro corazón siente dolor, pero si dieron sus vidas a Jesús, Él aún es victorioso, y a su tiempo les volveremos a ver en el paraíso.

Nuestra esperanza

Al cual Dios levantó, sueltos los dolores
de la muerte, por cuanto era imposible
que fuese retenido por ella.

Hechos 2:24

La muerte no pudo atrapar a Jesús, el
inocente murió por el culpable. Aunque
se aferra a los seres pecaminosos, no
pudo hacerlo con el Hijo de Dios.
Jesús es nuestra única esperanza.
Aunque el pecado merece la muerte,
la compasión de Dios abrió un camino
para liberarnos de su agonía. Cuando
entregamos nuestras pobres vidas
mortales a Jesús, resucitamos en Él,
compartiendo su vida eterna.

La muerte morirá

*Y el postrer enemigo que será
destruido es la muerte.*

1 Corintios 15:26

Si Jesús venció a la muerte, ¿por qué
seguimos sufriendo con los seres queridos
que mueren? Porque hoy, vivimos en la
promesa de la destrucción de la muerte,
no en su conclusión. El Hijo de Dios nos ha
comprado con su sacrificio, pero la muerte
todavía existe en nuestro mundo. Pero un
día, ya no será así. Jesús promete destruir
la muerte del todo; la muerte morirá,
y el cielo será nuestro.

LA PROMESA DE DIOS

*Y esta es la promesa que él nos hizo,
la vida eterna.*

1 JUAN 2:25

La promesa de la vida eterna viene directamente de Dios. Los que reciben a Jesús en sus corazones no dejan de existir cuando dejan de respirar. Su último aliento en la tierra es meramente un precursor de vida en la eternidad con Jesús. Hoy, extrañas a las personas que has perdido, y tu corazón te duele; pero en la eternidad te reunirás con ellos, y compartirán la alegría de que el Salvador haya vencido a la muerte. Hasta que se vuelvan a ver, simplemente confía en su infalible promesa.

Duda

El único camino

Yo soy el camino, y la verdad, y la vida;
nadie viene al Padre, sino por mí.

JUAN 14:6

Mucha gente duda de Jesús, pero
los que le han aceptado como su
Salvador no tienen que revolcarse en
la incertidumbre. Su Espíritu habla
al nuestro, a cada momento, si tan
sólo escuchamos. Él nos dice que
Dios nos ha mostrado el camino; no
tenemos que buscar otro camino
o verdad, no hay más caminos que
lleguen a Dios. Para tener una vida
cristiana vibrante, sólo necesitamos
seguir la autopista por la que
estamos viajando con Jesús.

SÉ FIEL

Bueno y recto es Jehová; por tanto,
él enseñará a los pecadores el camino.

SALMO 25:8

¿No sabes qué dirección tomar
o dónde ir? Dios te lo mostrará.
Tan sólo sé fiel a Él, y oirás su dulce
y mansa voz guiándote; de lo contrario,
las circunstancias y los consejeros
sabios te iluminarán el camino por
el que tienes que ir. ¿Sigues dudando?
Pídele a Dios perdón por los pecados
que impiden tu comunión con Él,
y pronto, con un corazón limpio,
caminarás en la dirección correcta.

MOVER MONTAÑAS

Cualquiera que dijere a este monte:
Quítate y échate en el mar, y no dudare...
sino creyere... lo que diga le será hecho.

MARCOS 11:23

¿No desearías tener una fe así? Los
cristianos a menudo intentamos
prepararnos para hacerlo, deseándolo
con todo nuestro corazón, pero eso no
es lo que Dios tiene en mente. Manipularle
no funciona. Sólo cuando confiamos
totalmente en Él podemos mover
nuestra montaña, aunque sea en
una dirección inesperada.

COMPASIÓN

*A algunos que dudan,
convencedlos.*

JUDAS 1:22

Si alguna vez has dudado (como todas lo hemos hecho), podrás entender por qué este versículo está en la Biblia. Si las amigas con buenas intenciones te han atacado debido a tu inseguridad, probablemente sabrás que no ayuda mucho; tan sólo te pusieron más nerviosa. Cuando las preguntas entran en nuestra mente, necesitamos a alguien con ánimo que se ponga a nuestro lado y nos dé respuestas, no a alguien crítico que quiera condenar nuestros sentimientos. Sabiendo esto, también necesitamos tener compasión con los que dudan. Que seamos nosotras las misericordiosas que ayudan a los corazones dubitativos.

Eternidad

Prepárate

Y ha puesto eternidad en el corazón de ellos, sin que alcance el hombre a entender la obra que ha hecho Dios desde el principio hasta el fin.

ECLESIASTÉS 3:11

Aunque cada una de nosotras tiene algo de eternidad en el corazón, y no podemos descansar a menos que conozcamos al Salvador, tampoco podemos llegar a entender las obras de Dios. Esto puede hacer que seamos o bien hijas insatisfechas y dubitativas, o hijas relajadas y confiadas en que su Padre está en control y cuidará de nosotras de principio a fin. ¿Has confiado en Aquel que es el Alfa y la Omega? ¿Estás preparada para una eternidad con Él?

Siempre segura

Firme es tu trono desde entonces;
tú eres eternamente.

Salmo 93:2

Nunca hubo un momento en el que Dios no existiera. Ni un sólo pedacito de tiempo o eternidad existió sin Él, y nada escapa de su poderoso reinado. Estas son buenas noticias para sus hijos, porque ante cualquier cosa que afrontemos ahora o en nuestro lugar celestial, sabemos que nuestro Padre está en control. Ninguna guerra espiritual o desastre terrenal va más allá de su plan. Ninguna maldad de Satanás puede tomarle por sorpresa. Nuestro es el Señor eterno, que nos ha amado desde el principio. En Él, siempre estamos seguras.

Inmutable

*Para siempre, oh Jehová, permanece
tu palabra en los cielos.*

Salmo 119:89

La Palabra de Dios nunca cambia. Los
mandamientos del Padre no cambian, ni
tampoco Jesús, la Palabra hecha carne,
ni su promesa de salvación. Los que
confían en Él están seguros como el Señor
mismo, porque Él no cambia, y ninguna
de sus promesas queda sin cumplirse.
El Señor eterno y todo lo que Él ordena
permanece firme. Para obtener eternidad,
simplemente recibe a Cristo como tu
Salvador, y confía en Él.

PURO DELEITE

Me mostrarás la senda de la vida;
en tu presencia hay plenitud de gozo;
delicias a tu diestra para siempre.

SALMO 16:11

¿Gozarse en Dios? Las que no conocen
a Jesús no pueden ni imaginárselo.
Tienes que conocer a Jesús para
deleitarte en su presencia, al igual que
no puedes disfrutar de una amiga hasta
que no se conocen y disfrutan de la
compañía. Pero conocer y amar a Dios
nos da, a sus hijas, gozo en su presencia
y la perspectiva de placeres indefinidos a
su lado. ¿Estás preparada para compartir
ese gozo con Jesús toda una eternidad?

FUENTE DE SALVACIÓN

*Vino a ser autor de eterna salvación
para todos los que le obedecen.*

HEBREOS 5:9

La salvación en Jesús es importante
para nuestras vidas terrenales. ¿Cuántas
veces nos ha disipado Él peligros o nos
ha ayudado a evitarlos? ¿Cuántas veces
el pecado no ha podido echar a perder
nuestra vida porque hemos obedecido
sus mandamientos? Pero Jesús es también
la fuente de salvación en la eternidad. En
lugar de permanecer para siempre en
nuestras vidas terrenales, Dios planeó
llevarnos a una vida eterna con Él, en su
reino restaurado. En el cielo, alabaremos
su salvación, sin fin.

Fe

Amar a Jesús

*Puestos los ojos en Jesús, el autor
y consumador de la fe.*

HEBREOS 12:2

Dios está escribiendo una historia de
fe a través de tu vida. ¿Qué contará?
¿Será una crónica de desafíos
vencidos, como la historia de José
en el Antiguo Testamento? ¿O una
tragedia cercana que se convirtió
en gozo, como la del hijo pródigo?
Cualquiera que sea tu relato, si
amas a Jesús, el final nunca será un
interrogante. Los que le aman terminan
en el cielo, a pesar de las pruebas
en la tierra. El camino largo
y cansado termina en sus brazos.
Escribe hoy un capítulo en tu fiel
narrativa del amor de Dios.

ÉL NUNCA FALLA

Si fuéremos infieles, él permanece fiel;
Él no puede negarse a sí mismo.

2 TIMOTEO 2:13

A veces nuestra fe falla, pero Jesús
nunca falla. Cuando cambiamos para
mal, tropezamos o cometemos un
error, Él sigue siendo el mismo Dios fiel
que ha sido siempre. Aunque nosotras
titubeamos, Él no puede hacerlo. Si
caemos en las artimañas del tentador,
volvámonos de nuevo a Aquel que es fiel.
Si hemos confiado en Él, podemos acudir
a Él en busca de un perdón renovado.
Su propia fidelidad no le permitirá
negárnoslo.

Perfección

Cuya obra es perfecta, porque todos sus caminos son rectitud; Dios de verdad, y sin ninguna iniquidad en él; es justo y recto.

DEUTERONOMIO 32:4

Muchas incrédulas, o incluso creyentes débiles en crisis, se quejan de que Dios no es justo. Pero Moisés, que sufrió mucho por el pueblo de Dios, sabía algo más. Dios siempre es perfecto, fiel y justo; es la humanidad rebelde la que carece de estas cualidades. Podemos tener fe en la perfección de Dios. Él nunca ha fallado aun a su pueblo, aunque ellos a veces han sido falsos. Confía hoy en Él, y al igual que llevó a su pueblo a la Tierra Prometida, Él te llevará a casa con Él.

CERTEZA ESPIRITUAL

Porque por fe andamos, no por vista.

2 CORINTIOS 5:7

Hay más de una manera de ver. Vemos el mundo que nos rodea con nuestros ojos, pero al hacerlo, no comprendemos todo lo que hay en la vida. Esas cosas que "vemos" por fe no podemos verlas con nuestros ojos físicos. Por eso los que dudan no las creen; pero cuando Dios habla a nuestro corazón, es tan real como si hubiéramos visto la verdad claramente delante de nosotras. Como Pablo, aunque nuestros ojos no puedan verlo, tenemos una certeza espiritual.

LA VIDA CRISTIANA

*Y que por la ley ninguno se justifica
para con Dios, es evidente, porque:
El justo por la fe vivirá.*

GÁLATAS 3:11

Aunque algunas digan lo contrario,
cumplir con todo a rajatabla
espiritualmente no te hace ser una gran
cristiana. La vida cristiana no se trata
de reglas y estipulaciones, sino de fe.
Obedecer a Dios y seguirle según indica
el Espíritu te desafía a confiar en Él en
cada momento de tu vida. Con esa clase
de creencia, compartirás su mensaje
para transformar el mundo.

ALÁBALE

*Alaben el nombre de Jehová, porque
sólo su nombre es enaltecido.
Su gloria es sobre tierra y cielos.*

SALMO 148:13

Confiar en Jesús te da una visión
espectacular del poder de Dios. Su obra
en tu vida te abre cada vez más los ojos a
este glorioso Rey que te ama, pero los que
no le conocen no pueden alabarle. Están
totalmente ciegos a las glorias de Aquel a
quien han negado; sin embargo, al final,
su gloria será evidente incluso para ellos.
¿A quién sigues, al Glorioso o a meros
seres humanos?

Nuestros corazones

¿Mas quieres saber, hombre vano,
que la fe sin obras es muerta?

Santiago 2:20

La fe no es fe si las obras no siguen a
la creencia. No importa lo que diga
una persona, a menos que el amor, la
compasión y la amabilidad acompañen
sus palabras, sería necio considerar su
testimonio cristiano como creíble. Aunque
las obras no nos salvan, revelan lo que
hay en nuestro corazón. ¿Qué estamos
demostrando hoy con nuestras obras?

Familia

Brilla intensamente

*Cada uno de vosotros ame también
a su mujer como a sí mismo;
y la mujer respete a su marido.*

EFESIOS 5:33

El matrimonio es una relación
recíproca. Para que funcione bien,
ambas partes tienen que dar y recibir.
Si compartes espacios de la casa
sin el amor y respeto que un hogar
necesita, rápidamente la tuya será
una existencia vacía. Pero eso no es
lo que Dios tenía en mente cuando
creó el matrimonio para reflejar su
propio amor por su pueblo. Él puede
ayudar a que tu matrimonio brille
intensamente por Él, si tan sólo se lo
pides y estás abierta a su voluntad.

EDIFICANDO UNA CASA

La mujer sabia edifica su casa;
mas la necia con sus manos la derriba.

PROVERBIOS 14:1

¿Sabías que puedes edificar una casa?
Dios así lo dice. No, no usarás cemento,
ladrillos y madera, pero toda mujer
cristiana tiene la capacidad de edificar a
su familia con su sabiduría, laboriosidad y
justicia. Su fiel carácter cristiano bendice
a quienes están en su hogar. ¿Estás hoy
edificando tu casa o destruyéndola?
Busca a Dios, y Él te ayudará a
que la hagas sólida.

Padres

Honra a tu padre y a tu madre,
para que tus días se alarguen en la tierra.

Éxodo 20:12

Cuando honramos a nuestros padres,
puede que no pasemos mucho tiempo
en la Tierra Prometida, pero Dios nos
bendecirá. Tratar bien a mamá y a papá
mejora nuestra relación con ellos y le da
seguridad a nuestra familia. Al tratar bien a
los abuelos de nuestros hijos, modelamos
las acciones de hijos adultos, y es más
probable que así nuestros hijos también
nos traten bien. Nuestro Dios Padre tiene
bendiciones especiales para quienes
respetamos a nuestros padres. Ya sea la
propiedad de una tierra santa o un amor
más profundo, Él nos da justamente
lo que necesitamos.

APRECIACIÓN PARA LAS MADRES

Se levantan sus hijos y la llaman
bienaventurada; y su marido
también la alaba.

PROVERBIOS 31:28

¿No le gustaría a cada mujer recibir este tipo de alabanza? Un poco sí; sin embargo, aunque todas necesitamos la apreciación de un trabajo bien hecho, muchas familias se olvidan de alentar a sus miembros. Cuando hemos seguido fielmente a Dios, eso se ve en nuestras vidas, pero seguimos valorando la apreciación de otros. ¿Ha sido una madre cristiana una maravillosa influencia en tu vida? A ella probablemente le gustaría saberlo. Siéntete libre para compartir esa alabanza con otras también.

Temor

El temor huirá

No tendrás temor de pavor repentino, ni de la ruina de los impíos cuando viniere, porque Jehová será tu confianza, y él preservará tu pie de quedar preso.

PROVERBIOS 3:25-26

¿De qué tienes temor, siendo Dios tu confianza? Él te protege de caer en la trampa de los problemas del mundo como un animal salvaje. Con su mano puesta sobre ti, ningún acontecimiento repentino o plan malvado puede destruirte. Dale tu confianza, y el temor huirá.

TEMER A DIOS

*En el temor de Jehová está la fuerte
confianza; y esperanza tendrán sus hijos.*

PROVERBIOS 14:26

Hay solamente un buen tipo de temor:
el temor de Dios. No es que necesitemos
acobardarnos ante Él, pero sí respetarle
y honrarle, así como a su infinito poder.
Quienes le aman también le temen, pero
quienes temen a Dios no han de temer a
nada más. Él es su refugio, el Protector a
quien nadie puede sobrepasar. Teme a
Dios, y estarás a salvo.

¿A QUIÉN TEMES?

*Mas os digo, amigos míos: No temáis a
los que matan el cuerpo, y después
nada más pueden hacer.*

LUCAS 12:4

¿A quién temes? Si es alguien que no sea
Dios, anímate, no tienes que preocuparte
por nada que las personas puedan
hacerte. Incluso los que pueden quitarte la
vida no pueden cambiar tu destino eterno;
por tanto, si a alguien no le gusta tu fe, no
sudes, pon tu confianza en Dios y sírvele
fielmente, y verás que no has de temer.

LIBRE DEL TEMOR

Te acercaste el día que te invoqué;
dijiste: No temas.

LAMENTACIONES 3:57

Cuando los tentáculos del temor intentan abrazarnos, luchamos para escapar, pero la libertad reside en nuestro Redentor. Su dulce y callada voz habla a nuestro corazón: "No temas. ¿Qué terror es más grande que yo?" El que creó el universo nunca desconocerá los problemas o se inquietará por nuestro terror. Estos no pueden interrumpir su plan, así que el futuro está claro ante sus ojos y Él nos salva de cualquier mal.

Segura en el Padre

Pues no habéis recibido el espíritu de esclavitud para estar otra vez en temor, sino que habéis recibido el espíritu de adopción, por el cual clamamos: ¡Abba, Padre!

Romanos 8:15

Como parte de la familia de Dios, no tienes nada que temer. El que gobierna el universo te adoptó. Ya que tu Padre amoroso ya no te condena por tu pecado, el pánico no debe gobernar tu vida. No temas la retribución, porque tu hermano mayor, Jesucristo, derramó su sangre por ti, cubriendo cada pecado. Una hija de Dios siempre está segura en su Abba: "papito".

Perdón

La bendición del perdón

*Vuestros pecados os han sido
perdonados por su nombre.*

1 JUAN 2:12

¿Quién podría hacer algo tan
maravilloso como para merecer
el perdón de Dios? Ninguna obra
humana puede comprarlo. Dios
perdona debido a quién es Él, no
por quiénes somos nosotras o lo
que hacemos. Eso anima, porque
no podemos ganarnos el perdón
por nuestra propia perfección. El
perdón se convierte así en la mayor
bendición de nuestra vida cristiana,
que hace posible que podamos vivir
para Jesús. Obedecemos a Dios para
mostrar nuestro aprecio, no para
obtener la entrada en su reino.

Un final para el dolor

Bienaventurados los que lloran,
porque ellos recibirán consolación.

Mateo 5:4

¿Con qué frecuencia pensamos en el dolor como en algo bueno? Pero cuando se trata del pecado, lo es. Los que lloran por su propio pecado acudirán a Dios en busca de perdón. Cuando Él responde voluntariamente a su arrepentimiento, se termina el dolor. Consolados por el perdón de Dios, los pecadores transformados lo celebran; y el gozoso amor por Jesús reemplaza al dolor.

El precio del perdón

Y casi todo es purificado, según la ley, con sangre; y sin derramamiento de sangre no se hace remisión.

Hebreos 9:22

Mucha gente en nuestro mundo quisiera un perdón barato. Quieren que alguien diga que no pasa nada, pero no quieren pagar ningún precio por sus malas acciones. Eso no es lo que dice la Escritura. La remisión de pecados viene a un alto precio: la sangre del sacrificio, la sangre de Jesús. Jesús dice que eres digna de este gasto, y en Él estás limpia. Deja a un lado el pecado y gózate en su profundo amor por ti.

PÁSALO

Porque si perdonáis a los hombres sus ofensas, os perdonará también a vosotros vuestro Padre celestial.

MATEO 6:14

El perdón no es sólo algo que Dios nos da, sino que lo diseñó para que se lo pasemos a los demás. Haciéndolo, aprendemos el valor del perdón que el Padre nos ofreció. Incluso cuando todo lo que hay en nosotras nos dice: "No, no puedo perdonar", Él nos capacita para hacerlo si confiamos en Él. Nuestro Padre amoroso nunca nos ordena acciones que Él mismo no pueda a su vez fortalecernos para que las hagamos.

Amistad

Familia escogida

*Y amigo hay más unido
que un hermano.*

PROVERBIOS 18:24

Las relaciones familiares van desde
maravillosas hasta alborotadas, y
tenemos lo que Dios nos da. Pero
nosotras escogemos a nuestras
amigas según los intereses y
experiencias comunes. A menudo,
esta "familia escogida" nos parece
más cercana que nuestros propios
hermanos; sin embargo, ninguna
es tan cercana como la de nuestro
hermano mayor: Jesús. Él nos enseña
cómo amar a los familiares de sangre
y a los que escogemos. No importa
si tenemos algún parentesco
o no, cuando amamos en Él,
ese amor pega rápido.

DESCONECTADAS DEL MUNDO

*Cualquiera, pues, que quiera ser amigo
del mundo, se constituye enemigo de Dios.*

SANTIAGO 4:4

Hay buenas y malas amistades.
Cuando Cristo se convierte en tu mejor
amigo, otras relaciones parecen distantes.
Las antiguas amistades carnales ya no
nos atraen. Su estilo de vida choca con
el nuestro, y las viejas amigas quedan
confundidas. Pero esta separación es
parte del plan de Dios de santidad. Jesús
te desconecta del mundo y te acerca a su
pueblo: amigas cristianas que comparten
su amor por Él. Juntas, pueden también
alcanzar a esas viejas amigas para Jesús.

La importancia de la amistad

*No dejes a tu amigo, ni al amigo
de tu padre; ni vayas a la casa de tu
hermano en el día de tu aflicción. Mejor
es el vecino cerca que el hermano lejos.*

PROVERBIOS 27:10

La amistad es importante para Dios,
o, de lo contrario, no nos animaría a
aferrarnos a ella. Como cristianas, hemos
vivido momentos en que otras creyentes
parecían ser más cercanas que nuestros
propios familiares. Dios nos ha traído a
una nueva familia —la suya—, donde la fe
se convierte en algo más importante que
la sangre. A través de Él, nuestro amor se
expande, y nos ayudamos cuando surgen
los problemas. No importa donde vayas,
el pueblo de Dios está cerca.

NUESTRO MEJOR AMIGO

El justo sirve de guía a su prójimo;
mas el camino de los impíos les hace errar.

PROVERBIOS 12:26

Necesitamos amigas, pero algunas
nos meterán en problemas y otras
nos animarán y edificarán en nuestra
fe, acercándonos incluso más a Dios.
Antes de acercarnos a otras personas,
¿consideramos su impacto espiritual
sobre nosotras? Si Dios es nuestro
mejor amigo, tengamos cuidado de
no desviarnos. Cuando compartimos
nuestra amistad con Jesús y con nuestras
amigas terrenales, verdaderamente
somos bendecidas.

Dar

Dar en oración

*Dad, y se os dará; medida buena,
apretada, remecida y rebosando
darán en vuestro regazo.*

LUCAS 6:38

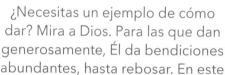

¿Necesitas un ejemplo de cómo
dar? Mira a Dios. Para las que dan
generosamente, Él da bendiciones
abundantes, hasta rebosar. En este
mundo caído, necesitamos tener
cuidado de a quién apoyamos.
La gente deshonesta o los que se
oponen a Dios no deberían ser
nuestras opciones benéficas, pero
hay muchos ministerios cristianos que
realizan un buen trabajo y necesitan
nuestra aportación. Iglesias fieles
necesitan nuestra aportación,
y si donamos en oración, Dios
nos bendecirá a cambio.

DESEO CONTRA NECESIDAD

El pan nuestro de cada día, dánoslo hoy.

MATEO 6:11

Jesús nos dice aquí que pidamos a Dios
por nuestras necesidades cotidianas,
y puede que lo hagamos frecuentemente.
Recordemos que incluso las cosas más
pequeñas, como el pan que ponemos
en nuestra mesa, provienen de Dios.
Sin embargo, ¿hemos olvidado que toda
nuestra comida viene de nuestro Padre
celestial? Dios no se olvida de nada de
lo que necesitamos, así que si tenemos
hamburguesas en lugar de filetes, ¿podría
ser porque lo queremos, pero no lo
necesitamos?

COMPARTE SU AMOR

Más bienaventurado es dar que recibir.

HECHOS 20:35

La Navidad se ha convertido en un tiempo
de recibir, hasta el punto de que la avaricia
motiva más a la gente que la bendición.
Pero Pablo nos recuerda que conseguir lo
que queremos no es la mayor bendición.
Lo sabemos cuando vemos el deleite en
los ojos de un niño al recibir algo muy
esperado. A nuestro Padre celestial le
encanta ver el mismo gozo en nuestros
ojos, cuando nos ayuda en formas
menos tangibles. Por eso Él nos dice que
compartamos su amor con los demás.

Se obtiene lo que se da

*El que siembra escasamente,
también segará escasamente;
y el que siembra generosamente,
generosamente también segará.*

2 Corintios 9:6

Lo que das es lo que obtienes. Esto es cierto en la vida, y también es cierto espiritualmente. Cualquiera que intente aferrarse demasiado a su economía se perderá bendiciones espirituales, mientras que la persona que comparte generosamente gana de muchas formas. Es difícil deshacerse de los tesoros mundanos, pero cuando das en el nombre de Jesús, nunca te faltará nada.

Dios como Padre

Corrección en amor

*Porque Jehová al que ama castiga,
como el padre al hijo a quien quiere.*

PROVERBIOS 3:12

¿Sientes el dolor de la corrección
de Dios? Ánimo, porque eso
demuestra que te ama. Al igual que
un padre amoroso no dejará que su
hijo camine en un lugar peligroso,
tu Padre celestial te está redirigiendo
a otro camino. La disciplina de hoy
te puede doler, pero más adelante tu
dolor se convertirá en gozo cuando
coseches las bendiciones que siguen
a la obediencia. Tu Padre te
ama profundamente.

COMPASIÓN

Padre de huérfanos y defensor de viudas
es Dios en su santa morada.

SALMO 68:5

El amor de Dios es muy tierno con los
que sufren. Los niños que han perdido a
sus padres y las mujeres que han perdido
a sus esposos pueden contar con su
compasión. Cuando perdemos a un ser
querido, ¿nos enfocamos en la gentileza
del Padre? Es más probable que nos
quejemos de que no le prolongó la vida
que le alabemos por su cuidado. Pero
cuando sentimos el dolor más hondo,
también recibimos la mayor porción del
consuelo de Dios. Lo que hace sufrir a sus
hijos también le hace sufrir a Él.

PADRE CELESTIAL

Dios Fuerte, Padre Eterno.

ISAÍAS 9:6

Si has aceptado a Jesús como tu Salvador, Dios es siempre tu Padre. La distancia, los desacuerdos o la muerte no pueden cambiar esto, aunque pueda separarte de tu padre terrenal. Pero un padre humano no es ni poderoso ni eterno, y puede fallar física o espiritualmente. Sólo tu Padre celestial estará ahí siempre para ayudarte, guiándote en cada paso del camino. Cuando necesites ayuda, llama a tu Padre; Él nunca fallará.

HIJOS DE DIOS

*Y por cuanto sois hijos, Dios envió
a vuestros corazones el Espíritu de
su Hijo, el cual clama: ¡Abba, Padre!*

GÁLATAS 4:6

Dios mantiene cerca a sus hijos,
conectándoles firmemente con Él mismo
a través del Hijo y del Espíritu Santo. No
hay división en la Trinidad cuando se trata
de amar a los hijos adoptados de Dios.
Con el Espíritu, llamamos "Abba, papito",
al Santo que nos amó lo suficiente como
para llamarnos a Él mismo, a pesar de
nuestro pecado. A través del sacrificio de
Jesús y la obra del Espíritu, Dios Padre
nos limpia y abre las comunicaciones
para que realmente podamos seguirle.

¡ÉL TE AMA TANTO!

Mirad cuál amor nos ha dado el Padre,
para que seamos llamados hijos de Dios;
por esto el mundo no nos conoce.

1 JUAN 3:1

Dios no da su amor con cuentagotas, sino
que lo derrama sobre nosotras cuando
acudimos a Él en fe. Todo este tiempo,
Él ha estado esperando hacernos sus
hijas, y éramos nosotras las que nos
resistíamos. Pero cuando le miramos
como sus hijas, el amor de Dios se desata
en nuestras vidas. Nada es demasiado
bueno para sus hijas obedientes.
¡Gloria a Dios que te ama tanto!

Gira hacia Él

Y seré para vosotros por Padre,
y vosotros me seréis hijos e hijas,
dice el Señor Todopoderoso.

2 Corintios 6:18

Solamente el pecado no confesado
puede separarte del Padre. Pero Dios
nunca desea que haya esa distancia, sino
que quiere estar cerca, como un Padre
amoroso que carga a su hija, provee
para sus necesidades y le ayuda en cada
momento. Aunque tu padre terrenal
fuera algo menos que perfecto, tu Padre
celestial no lo es. Él sana tus heridas,
resuelve tus problemas y te ofrece su amor
en cada momento. Lo único que necesitas
hacer es girarte hacia Él en amor.

Dios como Refugio

Mantenerse firme

*Mas Jehová me ha sido por refugio,
y mi Dios por roca de mi confianza.*

SALMO 94:22

¿Estás siendo atacada por amigas,
familiares o compañeras de trabajo?
Si es por tu obediencia al Señor,
mantente firme delante de sus
comentarios. Él te defenderá. Si
lanzan contra ti palabras duras
o malas actitudes, sigue siendo
amable, y Él te ayudará. Si tu jefa
no te trata bien, no te preocupes,
porque los que están en contra
de una cristiana fiel también están
en contra de Dios, y Él algún día
arreglará las cosas.

Nuestro refugio

Jehová de los ejércitos, a él santificad...
Entonces él será por santuario.

Isaías 8:13-14

Cuando vives asombrada con Dios
—cuando sólo Él es el Señor de tu vida—,
no tienes nada que temer. Si el temor o
los enemigos te asaltan, siempre tienes
un lugar de refugio cerca. Dios nunca
arroja a sus hijas a los lobos, sino que
las protege en su santo lugar. Con Jesús
como tu Salvador, siempre tienes un
lugar tranquilo donde poder ir.

RECIBE SU FORTALEZA

Jehová será refugio del pobre,
refugio para el tiempo de angustia.

SALMO 9:9

Los Salmos a menudo hablan de Dios
como un refugio. Ya sea que estés
pasando por algo grande, como una
opresión, o algo mucho más pequeño,
Él quiere que acudas a Él en los momentos
difíciles. No importa el tamaño, sino
tu confianza en Jesús. Nada de lo
que afrontas le impactará; Él sabe tus
problemas y no te ha dejado, así que ve a
tu refugio y recibe su fortaleza.

No hay nada oculto

Y no hay cosa creada que no sea manifiesta en su presencia.

Hebreos 4:13

Bueno o malo, nada escapa de Dios. Nada es desconocido para el Creador del universo, y como lo sabe todo, podemos confiar completamente en Dios. Él nos protege de lo malo y apoya lo bueno en nuestras vidas, porque sabe cómo nos afectan ambas cosas. Cuando nos sorprende el dolor o las dificultades, podemos contar con que Él lo usará para nuestro beneficio, aquí y en la eternidad.

Fidelidad de Dios

Siempre fiel

No te desampararé, ni te dejaré.

HEBREOS 13:5

Incluso cuando el temor o el estrés te
desafíen, nunca tienes que lidiar con
ello tú sola, si Jesús gobierna tu vida.
Cuando te parezca que toda tu vida
se arrastra a tu alrededor, Él te ofrece
fuerza y consuelo para el corazón
herido. Dios nunca te abandona,
y su amor no puede cambiar. Hoy,
deléitate en Aquel que nunca te deja.

NADA ES IMPOSIBLE

Porque nada hay imposible para Dios.

LUCAS 1:37

El ángel le dijo estas palabras a María
cuando le dio la noticia de que la anciana
Elisabet tendría un niño. Dios también
trata con lo imposible en nuestras vidas.
Nosotras no damos a luz a un Salvador,
¿pero cómo nos ha ayudado Él a entender
relaciones imposibles, a manejar un
horario frenético o a ayudar a una amiga
herida? Dios ofrece ayuda, en cualquier
cosa que nos pase, y nada es imposible
para Aquel que obra en nuestras vidas.
¿Con qué imposibilidades puede lidiar
Él en tu vida? ¿Has confiado en
Él pidiéndole ayuda?

ÉL ES FIEL

*Bienaventurado aquel cuyo ayudador
es el Dios de Jacob...que guarda
verdad para siempre.*

SALMO 146:5-6

No eres la única que ha experimentado
la fidelidad de Dios. A lo largo de los
años, creyentes han experimentado
su provisión. Lee relatos del Antiguo
Testamento de aquellos que nunca le
vieron fallar. Mira los hechos de Él en el
Nuevo Testamento, cuando mostró a la
iglesia que podía confiar en Él. Dios no
puede fallar a sus hijos, y no te fallará a
ti tampoco. Confía en el Dios de Jacob,
y transmite tu testimonio de su fidelidad.

DIOS OFRECE ESPERANZA

*Porque yo sé los pensamientos que
tengo acerca de vosotros, dice Jehová,
pensamientos de paz, y no de mal,
para daros el fin que esperáis.*

JEREMÍAS 29:11

Cuando Judá se dirigía hacia el exilio,
conquistada por un pueblo pagano
salvaje, Dios les ofreció esperanza. Aún
tenía un buen plan para ellos, un plan que
saldría del sufrimiento. Su prosperidad no
se había terminado, aunque su camino a
través de las pruebas había comenzado.
Cuando Dios te dirige por un camino
pedregoso, tu esperanza y tu futuro están
seguros en Él. Lo único que pide Él
de ti es una fiel confianza.

Ayuda de Dios

Llámale

Nuestro socorro está en el nombre de Jehová, que hizo el cielo y la tierra.

SALMO 124:8

El nombre que Dios le dijo a Moisés: "YO SOY EL QUE SOY", describe su inalterable naturaleza. Así que aquí, cuando el Inmutable promete ayudarnos, esa seguridad nunca se altera. ¿Qué podría haber en el cielo o en la tierra demasiado poderoso o demasiado problemático para su Hacedor? Nada es mayor que Dios, ni siquiera nuestro mayor reto. Sólo necesitamos pronunciar su nombre.

TODOPODEROSO

Dios es nuestro amparo y fortaleza,
nuestro pronto auxilio en las tribulaciones.

SALMO 46:1

Cuando nos enfrentamos a problemas
serios, la gente a menudo no puede
darnos una solución. Limitados por
la fragilidad humana, incluso los más
generosos sólo pueden ayudarnos hasta
cierto punto. En cada problema, tenemos
una mayor ventaja si creemos en Jesús.
Nuestro Creador Todopoderoso nos ofrece
protección contra el daño y fortaleza para
la prueba más larga. Él siempre quiere
venir en nuestra ayuda. ¿Estás afrontando
un problema de cualquier tamaño?
Vuélvete hoy a Él.

Nunca olvidada

*¿Quién como Jehová nuestro Dios…
que se humilla a mirar en el cielo y
en la tierra?*

Salmo 113:5-6

Este Señor Todopoderoso, ante quien
los cielos y la tierra son pequeños, no
se preocupa sólo de tu universo, sino
también de ti. Los versículos que siguen
a estos describen su amor incluso por
la persona más humilde. Aunque estés
afrontando momentos de lucha, tu
increíble Señor nunca se olvida de ti. Un
día, como promete el versículo 8 de este
salmo, incluso la más humilde puede
sentarse con la princesa.

PIDE AYUDA

*Acerquémonos, pues, confiadamente
al trono de la gracia, para alcanzar
misericordia y hallar gracia para el
oportuno socorro.*

HEBREOS 4:16

No seas tímida para acercarte a Jesús
con todas tus preocupaciones. Como
hija de Dios, tienes un lugar especial en
su corazón. Cuando falles, no tienes que
temer acudir al Rey de reyes pidiendo
misericordia y gracia. Él está esperando
que admitas el problema y le pidas ayuda.
Busca la ayuda de Jesús, sea cual sea tu
problema, porque eso es lo que Él
quiere que hagas.

PLAN CON SENTIDO

*Y sabemos que a los que aman
a Dios, todas las cosas les ayudan
a bien, esto es, a los que conforme a
su propósito son llamados.*

ROMANOS 8:28

La vida no siempre nos parece ideal.
Cuando las finanzas están apretadas, los
problemas familiares son serios o las cosas
no parecen ir como esperábamos, puede
que dudemos de que Dios esté obrando
en nuestras vidas. Ese es el momento
perfecto para que volvamos a leer este
versículo y tomemos aliento. Incluso las
cosas que no parecen buenas tienen
un propósito en el plan de Dios. Como
cristianas, podemos confiar en
Él, aun cuando la vida sea algo
menos que perfecta.

Amor de Dios

Puerta abierta

*Porque de tal manera amó
Dios al mundo, que ha dado a
su Hijo unigénito, para que todo
aquel que en él cree, no se pierda,
mas tenga vida eterna.*

JUAN 3:16

Estas palabras son la puerta abierta
de Dios para los que creen en su Hijo.
La barrera entre la santidad de Dios y
el pecado del hombre se desintegra
cuando creemos en el sacrificio de
Jesús por el pecado humano. Pero
debemos entrar por esa puerta, con
fe, para heredar la vida eterna que
Dios ofrece. ¿Has dado ese paso,
o todavía estás fuera de la puerta?

Tierno amor

En esto consiste el amor: no en que
nosotros hayamos amado a Dios, sino en
que él nos amó a nosotros, y envió a su Hijo
en propiciación por nuestros pecados.

1 Juan 4:10

No estábamos ahí sentadas
pensando en amar a Dios antes de
que Él tocara nuestras vidas. Dios
comenzó el proceso antes de que incluso
naciéramos. Él envió a su Hijo para
darnos comunión con Él, y su Espíritu nos
acercó para tener una relación con Él.
Respondemos al increíblemente tierno
amor de Dios cuando invitamos a Jesús
a morar en nuestra vida. Es más, muchos
años de obediencia muestran nuestra
gratitud, pero nunca puedan pagar
su amorosa compasión.

REGALO DE AMOR

*Porque Jehová tiene
contentamiento en su pueblo.*

SALMO 149:4

A Dios no sólo le gustas; Él se deleita
en ti. Tú eres especial para Él, y te
dio salvación para poder pasar una
eternidad contigo. Dios ama a cada una
de sus hijas de forma especial. No eres
meramente otra en una larga fila de
gente, sino que Él conoce cada detalle de
ti, tu fidelidad y tus fracasos, y ama cada
parte de ti "por pedacitos". No podríamos
nunca merecer ese amor; es un regalo
especial para cada una de nosotras.
Alegrémonos hoy en esa bendición.

El amor de Dios
está actuando

Y nosotros hemos conocido y creído
el amor que Dios tiene para con nosotros.
Dios es amor; y el que permanece en amor,
permanece en Dios, y Dios en él.

1 Juan 4:16

Al confiar en Jesús, has sentido el amor de Dios actuando dentro de tu ser. La vibrante conexión que sólo los cristianos experimentan se convierte en el centro de tu vida. Si eres fiel, la vida eterna de Él te renueva de pies a cabeza, y brilla de manera vibrante. Tus palabras y acciones inspiradas por el Espíritu verdaderamente reflejan el amor de Dios para el mundo.

A TU LADO

El amor es sufrido, es benigno;
el amor no tiene envidia, el amor
no es jactancioso, no se envanece.

1 CORINTIOS 13:4

El amor de Dios no se irrita ni es efímero.
A diferencia del amor humano, nunca te
abandona, incluso en esos días largos y
frustrantes cuando tu trabajo es una carga,
tu vida familiar es confusa, y a duras penas
sabes hacia dónde ir. En épocas así de
estresantes, tu Padre celestial te ayuda con
todo eso, ahí a tu lado. Él no está por ahí
perdido; está cerca de ti, a tu lado.

Misericordia de Dios

Apreciación de la misericordia

*Porque Dios misericordioso es Jehová
tu Dios; no te dejará, ni te destruirá.*

DEUTERONOMIO 4:31

Incluso cuando le fallamos a Dios,
Él no nos falla a nosotras. Él conoce
nuestra fragilidad y tiene misericordia
cuando acudimos a Él buscando
el perdón y queriendo cambiar
nuestros caminos. La misericordia
nunca guarda rencor o busca
venganza, sino que quiere lo mejor
para los pecadores perdonados. Así
que nuestro misericordioso Señor
nos llama a hacer cambios que
muestren que apreciamos lo que
Él ha hecho por nosotras. ¿Hay algo
de aprecio en tu vida?

Resistencia

*He aquí, tenemos por bienaventurados
a los que sufren. Habéis oído de la
paciencia de Job, y habéis visto el
fin del Señor, que el Señor es muy
misericordioso y compasivo.*

Santiago 5:11

Resistir en fe, aunque pueda parecer
difícil, trae felicidad. Las pruebas no son
una señal del desagrado de Dios ni su
voluntad de castigar impunemente a sus
hijos. El tierno Salvador nunca actúa con
crueldad, pero a través de las pruebas nos
acercamos a Él y vemos el poder de Dios
actuando en nuestras vidas. Después, al
igual que Job, cuando perseveramos en
fe, Dios nos recompensa abundantemente.

La misericordia triunfa

Y la misericordia triunfa sobre el juicio.

SANTIAGO 2:13

Dios no sólo es misericordioso con nosotras, sino que también espera que pasemos esa bendición a otros. En lugar de convertirnos en las ejecutoras de las reglas en este mundo, Él quiere que pintemos un cuadro del tierno amor que Él tiene por la gente caída y que llamemos a otros muchos pecadores a su amor. Cuando criticamos al mundo y no mostramos compasión, perdemos el poderoso testimonio que deberíamos tener. A medida que estás firme por Jesús, así también triunfe la misericordia en tu vida.

RENACIMIENTO Y RENOVACIÓN

*Nos salvó, no por obras de justicia
que nosotros hubiéramos hecho,
sino por su misericordia, por el
lavamiento de la regeneración y por
la renovación en el Espíritu Santo.*

TITO 3:5

¿Podríamos salvarnos por nosotras
mismas? ¡De ninguna manera! Incluso
nuestros mejores esfuerzos no alcanzan
la perfección de Dios. Si Dios nos hubiera
dejado solas, estaríamos eternamente
separadas de Él; pero por su gracia, el
Padre llegó hasta nosotros a través de
su Hijo, sacrificando a Jesús en la cruz.
Luego el Espíritu tocó nuestras vidas con
el renacimiento y la renovación. Juntos, las
tres Personas de la Trinidad nos salvaron
con un amor misericordioso.

GOZO EN NUESTROS PROBLEMAS

Porque grande es hasta los cielos tu misericordia, y hasta las nubes tu verdad.

SALMO 57:10

¿Ha tocado la misericordia de Dios tu vida tan profundamente que querías gritarle al cielo tus alabanzas? Así es como se sentía el salmista cuando confiaba en Dios a pesar de sus problemas. Cuando miramos a Dios en nuestros problemas, nuestros corazones cargados pueden encontrar alegría. Aunque somos pequeñas y débiles, Él es poderoso. Su fortaleza vencerá nuestros problemas más profundos si tan sólo le dejamos.

MISERICORDIA QUE REBOSA

*Espere Israel a Jehová, porque
en Jehová hay misericordia,
y abundante redención con él.*

SALMO 130:7

¿Por qué tener esperanza en Dios,
incluso en situaciones extremas?
Porque cada una de sus hijas necesita
grandemente su misericordia que rebosa.
Nuestras vidas son frágiles, pero Él no.
Jesús trae la redención que requerimos.
No importa lo que afrontemos, Jesús
camina con nosotras. Lo único que
necesitamos es confiar fielmente en que
su salvación está en camino.

Provisión de Dios

Dios suple nuestras necesidades

Quitó de los tronos a los poderosos,
y exaltó a los humildes. A los
hambrientos colmó de bienes,
y a los ricos envió vacíos.

LUCAS 1:52-53

Dios provee para cada una de sus hijas, incluso las más humildes. Las riquezas no pueden ganar su favor ni la pobreza destruirlo. El Padre no mira la billetera, sino el corazón. Las que le aman, aunque no tengan dinero, tendrán sus necesidades cubiertas; pero las no creyentes que poseen inmensas mansiones cosechan corazones vacíos. Dios nunca ignora las necesidades de sus hijas ¿Qué te ha dado hoy?

ÉL NUNCA FALLARÁ

*Abres tu mano, y colmas de
bendición a todo ser viviente.*

SALMO 145:16

Nuestro fiel Señor provee para todos
sus seres creados. ¿Fallará Él en cuidar
de ti? ¿Cómo podría Él satisfacer las
necesidades de los pajarillos y las bestias
y olvidarse de su hija? Dios es siempre fiel.
Aunque nosotras fallemos, Él no lo hará; Él
no puede olvidar sus promesas de amor, y
nunca se olvidará de proveer para
cada una de tus necesidades.

Sus regalos

*Pues si por la transgresión de uno solo
reinó la muerte, mucho más reinarán
en vida por uno solo, Jesucristo,
los que reciben la abundancia de la
gracia y del don de la justicia.*

Romanos 5:17

¿Qué mayor regalo podría darnos Dios
que su gracia? En otro tiempo, la muerte
nos gobernaba, pero ahora la vida en
Cristo ordena nuestros días. Cuando
pensamos en la compasión de Dios,
¿apreciamos el sacrificio de Cristo?
Cualquier valor espiritual que tenemos
viene de sus dones. Nunca podremos
pagárselo, ¿pero estamos viviendo para
mostrarle lo mucho que nos importa?

Confía en Dios

*Y respondió Abraham: Dios se proveerá
de cordero para el holocausto.*

Génesis 22:8

Aunque Dios le ordenó a Abraham que
sacrificara a su hijo Isaac, el patriarca
tuvo fe en que su hijo no moriría. Sólo se
necesitaba un carnero, atrapado en un
arbusto. Por la fe de Abraham, la oveja
estaba justamente donde tenía que estar
en el momento correcto. Dios proveyó
justamente lo que era necesario: un
sacrificio y un hijo vivo. ¿Necesitas hoy la
provisión de Dios? Confía en que el Dios
que buscó una manera para Abraham
buscará también una manera para ti.

Deja que su luz brille

*Por amor a Cristo me gozo en las
debilidades, en afrentas, en necesidades,
en persecuciones, en angustias; porque
cuando soy débil, entonces soy fuerte.*

2 Corintios 12:10

Sólo Dios puede hacerte fuerte en los
lugares débiles. En estos lugares de
persecución y prueba, su poder y su gracia
brillan a través de tu frágil vaso cuando
vives como una cristiana fiel. Cuando
te sientas hecha pedazos e inútil, confía
en que Él llenará tus defectos, y su luz
brillará a través de las grietas de tu dolor
y alcanzará a un mundo perdido.

Palabra de Dios

La Palabra viva

Porque la palabra de Dios es viva y eficaz, y más cortante que toda espada de dos filos; y penetra hasta partir el alma y el espíritu.

HEBREOS 4:12

La Biblia no es un libro muerto. El escritor de Hebreos dice que vive, y los que confían en Jesús pueden atestiguar de esta verdad. ¿Has leído un versículo y has sentido que Dios sabía justamente lo que necesitabas, porque se relacionaba con tus necesidades de una manera especial? Entonces has experimentado la Palabra viva de Dios que penetra tu alma y tu espíritu. Vive por ella, en su amor.

Conocer a Dios

En el principio era el Verbo, y el Verbo era con Dios, y el Verbo era Dios.

JUAN 1:1

¿Quieres un cuadro de la Palabra de Dios? Mira a Jesús, la personificación de todo lo que el Padre quería decirnos. No puedes hacerlo si no lees el Libro que habla de Él. Quizá por eso Dios se lo toma como algo personal cuando decidimos no leer su Palabra. Estamos ignorando sus tiernos mandamientos y dejando de lado su amor. Las Escrituras de Dios se comunican con sus hijas. ¿Cómo podemos conocerle sin su Palabra?

PALABRAS PERFECTAS

Toda palabra de Dios es limpia.

PROVERBIOS 30:5

Quizá has tenido días en los que te has visto tentada a dudar de este versículo. Querías ir en una dirección, y la Palabra de Dios decía que fueras en otra; pero si fuiste sabia, seguro que confiaste en su verdad en lugar de seguir tu propio camino. A fin de cuentas, ¿podrías decir que tus palabras están totalmente libres de error? No. Es mucho mejor seguir el perfecto camino de tu Señor, que comparte gustosamente su sabiduría. Para evitar muchas de las faltas de este mundo, confía en la perfecta Palabra de Dios.

Compromiso y acción

*Y en esto sabemos que nosotros
le conocemos, si guardamos
sus mandamientos.*

1 Juan 2:3

¿Cómo sabes que eres cristiana? Por la
manera en que sigues los mandamientos
de tu Señor. La salvación no es sólo
cuestión de sentir su toque en tu vida.
La fe no es simplemente cuestión de
emociones; también requiere compromiso
y acción. El verdadero amor por Dios
contiene una pasión por seguirle.
Ámale, y tu vida también le servirá.

VIVIR COHERENTEMENTE

Dijo entonces Jesús a los judíos que habían creído en él: Si vosotros permaneciereis en mi palabra, seréis verdaderamente mis discípulos.

JUAN 8:31

Aquí, Jesús les habla a sus discípulos sobre un estilo de vida habitual. Quería que vivieran coherentemente en la verdad que Él les había enseñado, y no que sacaran su Palabra una vez a la semana o vivieran por ella de vez en cuando. Pero este versículo no es sólo para los que caminaron con Jesús durante su ministerio terrenal. Hoy día, su Espíritu nos ayuda a vivir coherentemente para Él. Cuando nos conectamos con las Escrituras y obedecemos sus mandamientos, también nos convertimos en discípulas suyas.

Guía

Segura en su voluntad

Aun allí me guiará tu mano,
y me asirá tu diestra.

SALMO 139:10

¿Necesitas tomar una decisión
drástica? Dios quiere ser parte de
ello. Como entendió el salmista,
permitirle a Él guiar tus pasos
significa que no te saldrás del
camino y terminarás en una situación
desagradable. Para el creyente,
el mejor lugar donde estar es en
la palma de la mano de Dios,
segura de cualquier mal y en
el centro de su voluntad.

CADA PASO DEL CAMINO

Él nos guiará aun más allá de la muerte.

SALMO 48:14

Cuando estamos afrontando problemas
extremos, Dios nunca nos abandona.
A medida que la vida disminuye, Él no
se retira de nuestra necesidad. No, el
Eterno nos guía en cada paso del camino,
ya sea que la vida nos vaya bien o mal.
Dios nunca se cansa de ti y nunca te falla,
así que no te rindas. Cuando lleguen los
momentos difíciles, agárrate a Él con
más firmeza, pues Él nunca te dejará ni
te abandonará; y al final, llegarás a
sus brazos en el cielo.

No te puedes equivocar

Condujiste en tu misericordia a este
pueblo que redimiste; lo llevaste
con tu poder a tu santa morada.

Éxodo 15:13

Cuando sigues a Jesús, siempre vas en
la dirección correcta. Aunque parezca
que el camino se oscurece o se vuelve
enrevesado, y a menudo te preguntes
si estás en el camino correcto, si su
Espíritu te guía no te puedes equivocar.
Tu poderoso Señor te dirige en su camino
eterno. Si comienzas a equivocarte,
Él guiará tus pasos. El amor de Dios nunca
abandona a una hija obediente.

La luz

Otra vez Jesús les habló, diciendo:
Yo soy la luz del mundo; el que me sigue,
no andará en tinieblas, sino que
tendrá la luz de la vida.

JUAN 8:12

Seguir la luz del mundo significa que puedes ver dónde te diriges. Incluso cuando la vida se vuelva confusa y totalmente oscura, tu meta no ha cambiado, y sigues caminando en la dirección correcta. Caminando en la luz de Jesús, aunque llegues a un terreno oscuro, sigues en el camino con el Salvador, y en Él siempre ves lo suficiente como para dar el siguiente paso.

Esperanza

Esperanza en Él

Espera en Dios; porque aún he de alabarle, salvación mía y Dios mío.

SALMO 42:5-6

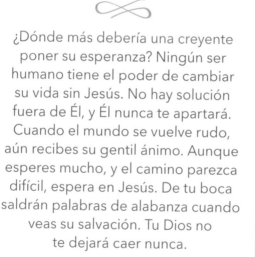

¿Dónde más debería una creyente poner su esperanza? Ningún ser humano tiene el poder de cambiar su vida sin Jesús. No hay solución fuera de Él, y Él nunca te apartará. Cuando el mundo se vuelve rudo, aún recibes su gentil ánimo. Aunque esperes mucho, y el camino parezca difícil, espera en Jesús. De tu boca saldrán palabras de alabanza cuando veas su salvación. Tu Dios no te dejará caer nunca.

DESBORDANTE DE ESPERANZA

Y el Dios de esperanza os llene
de todo gozo y paz en el creer,
para que abundéis en esperanza
por el poder del Espíritu Santo.

ROMANOS 15:13

¿De dónde viene la esperanza? De Dios.
Las no creyentes tendrán momentos
de ilusiones o atisbos de optimismo en
sus vidas, pero no pueden tener una
esperanza continua. Las cristianas, llenas
del Espíritu, ven cómo se desborda la
esperanza viviendo en Cristo, cumpliendo
la voluntad del Padre. ¿Tienes fe? Entonces
tienes todas las razones para tener
esperanza cada día.

SÉ FUERTE

Esforzaos todos vosotros los
que esperáis en Jehová.

SALMO 31:24

La esperanza no es algo débil ni
superficial. Se necesita fuerza para
poner tu confianza en Dios cuando
la vida maltrata tu corazón y tu alma.
Las debiluchas raramente se aferran a
expectativas positivas durante mucho
tiempo, porque les requiere demasiado,
pero la que es espiritualmente fuerte
pone su confianza en Dios y deja que Él
levante su corazón en esperanza. Luego
podrán venir los maltratos, pero no les
podrán destruir. La esperanza fortalece
aún más a las cristianas.

Amor infalible

Se complace Jehová en los que...
esperan en su misericordia.

Salmo 147:11

Podemos tener esperanza en un montón
de cosas que nos fallan de manera
miserable, o podemos disfrutar de
un ciego optimismo que nos meta
en problemas. Pero cuando nuestra
esperanza está en Dios, que nos ha amado
completamente, nuestra fe no puede
fallar. ¿Podría Aquel que se deleita en
nuestra confianza olvidarse de bendecir
nuestra expectación de una eternidad con
Él? Haz que Dios se alegre hoy poniendo
tu confianza en su amor eterno.

La prosperidad regresa

*Y os restituiré los años que comió la oruga,
el saltón, el revoltón y la langosta.*

JOEL 2:25

Las que nos gozamos en Dios podemos
confiar en que aunque la devastadora
langosta de la vida destruya nuestras
bendiciones, Dios las reemplazará.
Aunque las dificultades nos hagan luchar
un rato, Dios le da la vuelta a la situación y
derrama bendiciones sobre su pueblo fiel.
La prosperidad regresa a las que le aman,
si le amamos con determinación.
En el cielo o en la tierra, la bendición
vuelve a aparecer.

¿DÓNDE ESTÁ TU ESPERANZA?

*Alma mía, en Dios solamente reposa,
porque de él es mi esperanza.*

SALMO 62:5

Los que esperan en las cosas del mundo
están destinados a la frustración y el
desengaño, pero las cristianas descansan
en Dios; así que, en lugar de frustración,
reciben bendición y confianza de su
poderoso Salvador. ¿Dónde está tu
esperanza hoy? Si está en las cosas,
estás atada a la preocupación, pero la
esperanza en Dios siempre se cumple.
Relájate sabiendo que Él nunca falla.

Gozo

Obediencia = Gozo

Estas cosas os he hablado,
para que mi gozo esté en vosotros,
y vuestro gozo sea cumplido.

JUAN 15:11

¡Qué no haríamos para compartir el gozo completo de Jesús! Pero este versículo viene después de uno de los mandatos de Jesús de obedecer. Ah, ¿ahora cambiamos de idea? ¿De repente el gozo se torna imposible? Cuando Jesús nos llama a actuar, ¿seguimos o decidimos que es demasiado difícil y abandonamos inmediatamente? Mantengamos los ojos en el resultado: el gozo de nuestro Señor llenando nuestras vidas. Entonces, también la obediencia se puede convertir en gozo.

Vendrá el gozo

Mis labios se alegrarán cuando cante a ti,
y mi alma, la cual redimiste.

Salmo 71:23

¿Te cuesta encontrar gozo en tu vida hoy?
Haz lo que hacía a menudo el salmista y
recuérdate a ti misma lo que Dios ya ha
hecho por ti. ¿De cuántas formas haberle
seguido te ha bendecido? Comienza a
darle gracias por su gracia salvadora, y
comenzará el gozo, no importa lo que
ocurra hoy. Tus labios mostrarán el
deleite de tu corazón.

DEL LAMENTO AL GOZO

Y cambiaré su lloro en gozo, y los consolaré, y los alegraré de su dolor.

JEREMÍAS 31:13

En medio del lamento de Israel por su cautividad a manos de un pueblo pagano, Dios prometió un tiempo de gozo, cuando volverían a su tierra y volverían a ser su pueblo. ¿Estás separada del gozo en estos momentos? Quizá el pecado ha conquistado tu vida, y anhelas volver a estar cerca de Dios y compartir su tierno amor. Pídele que desvíe tu corazón de ese panorama árido y que te haga volver a Él. Tu lamento se convertirá en gozo.

EL REINO DE LOS CIELOS

Como entristecidos, mas siempre gozosos;
como pobres, mas enriqueciendo
a muchos; como no teniendo nada,
mas poseyéndolo todo.

2 CORINTIOS 6:10

¡Qué descripción de una cristiana!
Gozarse en el dolor parece
contradictorio, ¿no es cierto? ¿Cómo
podía el apóstol Pablo sentir gozo en
tales circunstancias? Porque Dios obra en
las situaciones más insospechadas. De
hecho, a menudo trabaja de forma más
poderosa cuando los problemas más nos
agobian. ¿En qué podemos gozarnos?
En la maravillosa obra que Dios hace en
nuestras vidas, sin importar por lo que
estemos pasando. Siempre tenemos el
reino de los cielos.

ALABA A DIOS: SIEMPRE

Pero el rey se alegrará en Dios;
será alabado cualquiera que jura por él.

SALMO 63:11

¿Necesitas algo de gozo en tu vida?
Comienza a alabar a Dios, y a pesar de la
complicada situación que puedas estar
viviendo hoy, comenzarás a gozarte.
Alábale por quién es Él: su naturaleza
inmensa y amante que tanto te ha
bendecido. Dale gracias por el amor que
ha derramado sobre ti. Al recordar su
amor, el dolor pierde su anclaje en tu vida.

Conocer a Dios

Cerca de Jesús

*Estad quietos, y conoced
que yo soy Dios.*

SALMO 46:10

Muchas veces intentamos hacer
cosas para Dios o demostrar nuestro
testimonio cristiano, pero si tan
sólo nos dejamos atrapar por el
ajetreo, perdemos la distinción de
nuestra fe: una relación cercana con
Jesús. Conocer a Dios no tiene que
ver con lo que hacemos, sino con
quién amamos. Nuestras buenas
obras sirven de poco si estamos
desconectadas de Él. Pasa tiempo
a solas con Dios hoy, y tendrás
la bendición de conocerle más
profundamente.

Dios es grande

Porque yo sé que Jehová es grande, y el Señor nuestro, mayor que todos los dioses.

Salmo 135:5

Otros "dioses" compiten con Jesús en el mercado de ideas, y las cristianas devotas pueden encontrar disensión. Pero como el salmista reconoció la grandeza de Dios, nosotras también podemos hacerlo al mirar el mundo que nos rodea. Ninguna otra deidad muestra su gloria en la creación. Ninguna ha provisto una salvación por gracia. Si nuestro Señor controla nuestras vidas, ¿cómo podemos mirar a otros dioses?

CONÓCELE ÍNTIMAMENTE

Y os tomaré por mi pueblo y seré vuestro
Dios; y vosotros sabréis que yo soy
Jehová vuestro Dios, que os sacó de
debajo de las tareas pesadas de Egipto.

ÉXODO 6:7

Dios liberó a los hebreos de la esclavitud
y les llevó a su nueva tierra, pero no se
detuvo ahí. Hoy, sigue mostrándose a
personas liberándoles de la esclavitud
del pecado y creando relaciones de
amor con ellas. ¿Te ha liberado Dios del
pecado? Entonces conócele íntimamente;
acércate y disfruta de sus bendiciones,
sin importar qué "esclavitud" hayas
experimentado antes.

Padre e Hijo

Pero sabemos que el Hijo de Dios ha venido, y nos ha dado entendimiento para conocer al que es verdadero; y estamos en el verdadero, en su Hijo Jesucristo. Este es el verdadero Dios, y la vida eterna.

1 Juan 5:20

¿Cómo conocemos a Dios? A través de su Hijo, Jesús, quien nos ayuda a entender el amor de su Padre. No hay espacio, no hay diferencia de opinión, entre el Padre y el Hijo. Cuando conocemos al Hijo, verdaderamente conocemos al Padre. Confiar en uno es confiar en los dos.

Vive con devoción

¿No sabéis que sois templo de Dios,
y que el Espíritu de Dios mora en vosotros?

1 Corintios 3:16

Dios vive en ti, no en un lugar distante.
Cuando actúas acorde a su Palabra,
Él actúa. Cuando fallas, la gente puede
comenzar a dudar de Él, por eso Pablo
te alienta a vivir fervientemente para tu
Señor. Como parte de su pueblo, estás
llena de su potente Espíritu, que te
capacita para vivir una vida santa.
Vive siempre en su fuerza.

Amar a Dios

Perfeccionando nuestro amor

Jesús le dijo: Amarás al Señor tu Dios con todo tu corazón, y con toda tu alma, y con toda tu mente.

MATEO 22:37

Este simple mandamiento puede ser un verdadero reto, ¿verdad? No importa cuánto lo intentemos, en nuestras fuerzas, cuando queremos amar a Dios completamente siempre parece que fallamos en algo. Sólo si el Espíritu de Dios obra en nuestros corazones, todo nuestro ser podrá ser más fiel. Dios obra en nosotras día a día, perfeccionando nuestro amor. Pídele que te ayude a amarle hoy.

El amor es acción

Amados, amémonos unos a otros;
porque el amor es de Dios. Todo aquel que
ama, es nacido de Dios, y conoce a Dios.

1 Juan 4:7

¿Quieres ver el amor? Mira a Dios. Buscar amor en este mundo puede ser algo confuso, pero en nuestro Señor, vemos las líneas del verdadero amor claras y concisas: amor que podemos compartir con nuestros familiares, amigas y otras hermanas en la fe. Amor por nuestros enemigos; amor por nuestro Salvador. Fuera de Dios, no podemos amar realmente y sacrificarnos por los demás. El amor no es sólo un sentimiento, sino las acciones que emprendemos mientras le seguimos.

Ver a Dios

Nadie ha visto jamás a Dios. Si nos amamos unos a otros, Dios permanece en nosotros, y su amor se ha perfeccionado en nosotros.

1 Juan 4:12

¿Cómo vemos a Dios? A menudo, es a través de otras personas, y por eso es importante tener un buen testimonio cristiano: la gente te ve y piensa que Dios es como tú, si dices ser cristiana. De ese modo, muchas personas han obtenido conceptos erróneos sobre el Salvador, pero muchos más le han conocido a través de testimonios fieles. Hoy, puedes amar a otros y mostrarles claramente cómo es Jesús.

Gentil recordatorio

Si alguno dice: Yo amo a Dios, y aborrece a su hermano, es mentiroso. Pues el que no ama a su hermano a quien ha visto, ¿cómo puede amar a Dios a quien no ha visto?

1 Juan 4:20

La carta de Juan sabe muy bien cómo retarnos. Ahora nos preguntamos: *¿En verdad amo a Dios?* Claro, por nuestras propias fuerzas no podemos, pero cuando aceptamos a Dios y recibimos su amor, nuestra actitud cambia. En Jesús, podemos amar incluso a un hermano problemático. A veces, lo único que necesitamos es un gentil recordatorio.

Dulce sacrificio

*Y andad en amor, como también
Cristo nos amó, y se entregó a sí
mismo por nosotros, ofrenda y
sacrificio a Dios en olor fragante.*

Efesios 5:2

No pensamos en el sacrificio como algo
dulce. La mayoría de las veces lo vemos
como una privación o un trabajo pesado.
Pero cuando hemos experimentado el
deleite del sacrificio de Jesús, el cual
nos llevó a una relación de amor con Él,
entendemos lo que significa este versículo.
No obstante, Dios nos llama no sólo a
recibir amor sino también a pasárselo a
otros que también tienen que entender
la dulzura del sacrificio de Él.

Aprende de Jesús

Un mandamiento nuevo os doy:
Que os améis unos a otros; como yo os he
amado, que también os améis unos a otros.

Juan 13:34

¿Cómo sabemos cómo amar?
Aprendemos de Jesús. El Señor había
estado con sus discípulos durante tres
años cuando dijo estas palabras, y ellos
habían visto su amor en acción. Nosotras
también lo vemos, en la Palabra de Dios
y en las vidas de creyentes fieles. En su
poder, podemos aplicar lo que sabemos
y seguir a Jesús, viviendo las palabras
que habló y los buenos ejemplos
que hemos visto.

Nueva Vida

Las apariencias pueden ser engañosas

*Por tanto, no desmayamos; antes
aunque este nuestro hombre exterior
se va desgastando, el interior no
obstante se renueva de día en día.*

2 Corintios 4:16

Por fuera, la gente nos ve cada
vez mayores y más frágiles, pero
las apariencias engañan. Como
cristianas, constantemente edificamos
nuestra creencia, si caminamos
coherentemente con Dios. Estamos
creciendo cada vez más en la fe,
siendo renovadas espiritualmente
cada día. La gloria de Dios está
delante de nosotras, mientras en la
tierra aprendemos a apreciar su amor
y compasión. Impávidas, anticipamos
la eternidad y un nuevo cuerpo,
perfeccionado por nuestro Salvador.

IMPACTO TRANSFORMADOR

Porque somos sepultados juntamente con él para muerte por el bautismo, a fin de que como Cristo resucitó de los muertos por la gloria del Padre, así también nosotros andemos en vida nueva.

ROMANOS 6:4

El bautismo es un cuadro de la muerte de la vieja naturaleza de pecado y la nueva vida de fe que Dios da a quienes confían en Él. Creer en Jesús tiene un impacto transformador. En un momento, una persona pecadora está muerta, atrapada en las garras del pecado, y al instante se convierte en una persona totalmente nueva, viva en su Salvador. Sólo Jesús ofrece esta gloriosa libertad. ¿Te la ha dado a ti?

VIVIENDO EN LA LUZ

En él estaba la vida, y la vida era
la luz de los hombres.

JUAN 1:4

Jesús es la luz y la vida de una cristiana, como cualquiera que haya caminado con Él durante un tiempo te podrá decir. Todo es diferente cuando Él entra en un alma, y como resultado, la nueva creyente comienza a hacer cambios, limpiando las esquinas oscuras de su existencia para que la brillante luz resplandeciente que tiene dentro no caiga en lugares sucios. Está viviendo en la luz, siguiendo a Jesús.

Nueva vida

De modo que si alguno está en Cristo,
nueva criatura es; las cosas viejas pasaron;
he aquí todas son hechas nuevas.

2 Corintios 5:17

Nueva vida en Cristo: ¡Qué indescriptible
libertad estar separadas de nuestro
pecado! Ya que no estamos atadas por
él y que podemos vivir en Él, corremos
alegremente a nuestra nueva existencia.
Pero, con el tiempo, nuestra tendencia a
caer en el pecadoempaña el regalo de
Dios. De repente, ya no nos sentimos
tan nuevas. Las cristianas "antiguas" sólo
tienen que girarse hacia Cristo para recibir
perdón, y la limpieza del Espíritu nos
vuelve a dejar nuevas.

CELEBRA TU NOVEDAD

*Pero si Cristo está en vosotros, el cuerpo
en verdad está muerto a causa del pecado,
mas el espíritu vive a causa de la justicia.*

ROMANOS 8:10

¿Conoces a Jesús? Entonces tu cuerpo
y tus deseos carnales son menos
importantes que tu espíritu. Como
Jesús vive en ti, el pecado no queda
permanentemente en tu vida. Aunque
te tiente y puede que caigas por un
tiempo, ya no te tiene presa todos los
días, porque ahora puedes darte la
vuelta y habitar en tu Señor. Celebra tu
novedad en Jesús: ¡Vive hoy para Él!

Obediencia

Tú eres valiosa

Mujer virtuosa, ¿quién la hallará?
Porque su estima sobrepasa
largamente a la de las piedras
preciosas.

PROVERBIOS 31:10

¿Eres una mujer virtuosa? Si es así, verdaderamente eres valiosa, a pesar de lo que te critiquen los no creyentes. Proverbios 31 dice que puedes tener una vida beneficiosa con buenas relaciones, una vida en el hogar feliz y éxito en los negocios, si manejas tu vida según los principios de Dios. Así que no te preocupes por las opiniones de otras si éstas no engranan con las de Dios. En su lugar, obedécele y sé una joya valiosa para tu Señor.

AMA Y OBEDECE

El que tiene mis mandamientos,
y los guarda, ése es el que me ama.

JUAN 14:21

¿Sientes que amas a Dios con todo
tu corazón? Entonces demuéstralo
obedeciéndole. Jesús preparó el
camino para ti, pues por su propia vida
de sacrificio te mostró lo que significa
obedecer al Padre. Una cristiana que vive
para sí misma en vez de vivir para Dios
muestra un compromiso vacilante, pero la
que ama a Dios de todo corazón camina
en la senda de Jesús, obedeciendo sus
mandamientos en la Escritura. Aquí es
donde comenzamos: ¿Amas a Dios?
Entonces obedécele también.

LAS BENDICIONES VENDRÁN

*Y vendrán sobre ti todas estas
bendiciones, y te alcanzarán,
si oyeres la voz de Jehová tu Dios.*

DEUTERONOMIO 28:2

Obedece a Dios; recibe las bendiciones.
Parece simple, ¿no es cierto? ¿Entonces
por qué obedecemos y lo único que
ocurre es que tenemos más problemas
que antes? Quizá sea porque estamos
mirándolo desde nuestra perspectiva,
no desde la de Él. Las bendiciones no
siempre le van pisando los talones a la
obediencia, sino que a menudo tardan un
poco en aparecer. Las bendiciones de hoy
puede que sean de una fidelidad de hace
tiempo; pero como Dios ha prometido,
sabemos que vienen cosas buenas
si tan sólo esperamos.

En la eternidad

Bienaventurados los que lavan sus ropas,
para tener derecho al árbol de la vida,
y para entrar por las puertas en la ciudad.

APOCALIPSIS 22:14

Las bendiciones de la obediencia
no sólo nos impactan hoy, sino que
nos acompañan hasta la eternidad.
Cualquier cosa que hagamos para
complacer a Dios nunca morirá. Al confiar
en Jesús, las obras que demuestran
nuestra fe nos dan gozo ahora y
permanecen seguras para el futuro en
Aquel que nunca cambia. Anticipamos la
vida en la nueva Jerusalén incluso cuando
cosechamos ahora sus bendiciones.

Oración

Oración: dar y recibir

Hermanos, orad por nosotros.

1 TESALONICENSES 5:25

¿Te cuesta trabajo pedirle a otros que oren por ti? No temas dar ese paso de humildad. Pablo no tuvo temor cuando les pidió a los tesalonicenses que orasen por su ministerio. Ser parte de la iglesia requiere una interdependencia de oraciones dadas y recibidas. Cuando una congregación ora por los demás, sus espíritus se conectan de una forma nueva y desinteresada. Escoge cuidadosamente aquellos con quienes compartes tus preocupaciones más íntimas, pero nunca temas pedirle a una cristiana madura que ore por ti.

La mejor respuesta

Orad sin cesar.

1 Tesalonicenses 5:17

¿No has recibido respuesta a tu oración?
No te desanimes; no hay límite de tiempo
para contarle a Dios tus necesidades.
Lo único que ocurre es que a menudo
funcionamos en un horario diferente al de
Dios. Nosotras queremos una respuesta
ayer, mientras que Él tiene algo mejor en
mente para mañana, así que sigue orando.
Dios escucha a sus hijas y les da la mejor
respuesta, no la más rápida.

DIOS ESCUCHA

*Por tanto, os digo que todo lo que pidiereis
orando, creed que lo recibiréis, y os vendrá.*

MARCOS 11:24

Este versículo no está recetando algún
encantamiento mágico, sino fe en que
Dios escucha y responde a nuestras
peticiones. Cuando confiamos en que Él
conoce nuestras necesidades y quiere
responderlas, estamos en posición
de recibir. ¿Estaría Jesús orgulloso de
nuestras peticiones? ¿Buscamos el bien de
los demás? ¿O sólo miramos por nuestros
propios deseos? Dios responde oraciones
que reflejan su voluntad. ¿Cómo están tus
oraciones con respecto a esta medida?

ACUDE A ÉL

*Gozosos en la esperanza; sufridos
en la tribulación; constantes en la oración*

ROMANOS 12:12

¿Cuándo oras más, en los tiempos fáciles
o en las pruebas? Como la mayoría de
la gente, probablemente acudes más a
Dios cuando lo estás pasando mal física o
espiritualmente, y tiene sentido; porque
¿quién ayuda como Dios? Pablo describe
la mejor respuesta cristiana ante el
problema en estas sucintas frases. Cuando
quienes no tienen fe claman contra
Dios, quejándose de que no es justo, las
cristianas hacemos algo diferente, porque
tenemos una esperanza, una razón para
la paciencia y un Padre que se preocupa.
Acudamos a Él, independientemente
de nuestra necesidad.

AMA A TU ENEMIGO

*Pero yo os digo: Amad a vuestros
enemigos, bendecid a los que os maldicen.*

MATEO 5:44

Sin la fuerza de Dios, ¿podría alguna de
nosotras seguir este mandamiento de
Jesús durante más de un corto espacio
de tiempo? Amar continuadamente a un
enemigo es un verdadero reto. Si estás
dolida por el daño que otra te ha causado,
es difícil querer orar por ella; pero actos
de amor y la oración pueden traer paz
entre dos personas que no se llevan bien
entre ellas. Para las que continuadamente
siguen este mandamiento, puede que la
disputa no dure para siempre.

PODER SANADOR

Y la oración de fe salvará al enfermo,
y el Señor lo levantará; y si hubiere
cometido pecados, le serán perdonados.

SANTIAGO 5:15

¿Has visto el increíble poder sanador de la oración? Cuando cristianas fieles traen a alguien que sufre ante Dios, Él trabaja en el cuerpo, pero también en el corazón y el alma. ¿Conoces a alguien que esté enferma? Ora para que recupere la salud física, pero no te olvides de incluir las necesidades espirituales, porque el Doctor Supremo trata a las personas de manera integral. Algunos asuntos espirituales pueden ser el verdadero problema que está requiriendo la sanidad.

Oración desde el corazón

Estos confían en carros, y aquéllos en caballos; mas nosotros del nombre de Jehová nuestro Dios tendremos memoria.

Salmo 20:7

Esta puede parecer una oración extraña para un rey que se dirige a la batalla, pero muestra dónde estaba el corazón de David. Él sabía que su equipamiento para la guerra podía fallar, pero Dios no. ¿Qué peligro podemos afrontar del que Dios no sea capaz de defendernos? Ninguno. ¿Dónde hemos puesto nuestra confianza, en Él o en defensas del mundo?

Arrepentimiento

Venciendo la barrera del pecado

Porque la tristeza que es según Dios produce arrepentimiento para salvación, de que no hay que arrepentirse; pero la tristeza del mundo produce muerte.

2 CORINTIOS 7:10

El pesar que vale la pena es el que viene cuando sentimos dolor por nuestros propios pecados. Cuando reconocemos nuestras malas acciones y sabemos que nuestros actos nos han hecho daño a nosotras misma, a otros, e incluso al corazón de Dios, llegamos a un punto en que tenemos que hacer algo al respecto. Nos arrepentimos, y Dios nos ofrece su salvación. ¿Se ha entrometido el pecado entre tu Salvador y tú? Acude a Él con tu dolor y pídele que arregle todo en tu corazón y en tu alma. Nunca lamentarás haberlo hecho.

Espíritu limpiador

*No he venido a llamar a justos,
sino a pecadores al arrepentimiento.*

Lucas 5:32

El arrepentimiento no es para la "gente buena" que sólo tiene "pecaditos" que confesar. Este versículo nos recuerda que ningún pecado es demasiado horrible para que Dios lo oiga. Dios llama a todos los que han pecado; a los que más le necesitan y tienen más que temer su increíble santidad. A todas nos cuesta confesar nuestros pecados y admitir algunos errores que nos avergüenzan, pero somos aquellas a las que Él llama. Un momento de arrepentimiento, y su Espíritu limpia nuestras vidas.

La bendición que esconde el arrepentimiento

Así que, arrepentíos y convertíos, para que sean borrados vuestros pecados; para que vengan de la presencia del Señor tiempos de refrigerio.

HECHOS 3:19

Cuando consideramos el arrepentimiento, tendemos a pensar que es difícil, pero eso es sólo porque somos cortas de vista. Abandonar el pecado puede que no sea atractivo para nuestro corazón endurecido porque no estamos viendo la bendición que hay detrás del arrepentimiento. Sin embargo, cuando nos volvemos del pecado, sentimos el aire refrescante del Espíritu de Dios trayendo nueva vida a nuestras vidas. Entonces, ¿algo parece difícil?

COMPASIÓN HACIA LOS DEMÁS

Y si siete veces al día pecare contra ti,
y siete veces al día volviere a ti, diciendo:
Me arrepiento; perdónale.

LUCAS 17:4

Cuando otro nos ofende, ¿pasamos el perdón que hemos recibido? Eso es lo que Jesús ordenó. Al acordarnos de lo misericordioso que Dios ha sido con nosotras, tenemos que mostrarlo también a los que nos ofenden. Cuando pensamos en nuestros muchos pecados que Dios ha echado sobre su espalda, ¿es posible que no mostremos compasión a otros?

Salvación

Disponible 24/7

*Bienaventurado el varón a quien
el Señor no inculpa de pecado.*

ROMANOS 4:8

Pecado perdonado: ¡Qué
maravilloso pensamiento! Ya no
tenemos que ser llevadas a hacer
el mal, porque Dios ha limpiado
nuestro corazón. Su Espíritu
corre por nosotras, quitando la
carga del pecado de nuestra vida.
Aunque seguimos fallando, en
Cristo, Dios no nos tendrá en cuenta
el pecado. El perdón, disponible
24/7, envía su Espíritu a través de
nuestra vida una y otra vez.

Reconciliadoras

Que Dios estaba en Cristo reconciliando consigo al mundo, no tomándoles en cuenta a los hombres sus pecados, y nos encargó a nosotros la palabra de la reconciliación.

2 Corintios 5:19

El Señor te amó tanto que pagó un alto precio para tenerte entre sus brazos. El sacrificio de Jesús destruyó la barrera del pecado que separa a la humanidad y a Dios. Las que se arrepienten son reconciliadas con su santo Dios, pero la fe no se detiene ahí. Él nos hace reconciliadoras también, al enviarnos con el mensaje que ha supuesto tanto: "Dios también te ama a ti".

GRACIA SALVADORA

En Dios solamente está acallada mi alma;
de él viene mi salvación.

SALMO 62:1

En el momento en que te arrepentiste de tus pecados y le pediste a Jesús que controlara tu vida, Dios te salvó, pero eso no fue todo. Cada día de tu vida, Él continúa su obra salvífica. Te redirige, te protege y provee para todas tus necesidades. En cualquier problema, descansa en Él. Él no fallará.

BRILLA PARA ÉL

Quien se dio [Jesús] a sí mismo por nosotros para redimirnos de toda iniquidad y purificar para sí un pueblo propio, celoso de buenas obras.

TITO 2:14

¿Hay algún pecado del que Jesús no pueda salvarnos? No. Mientras le miremos, Él nos guiará a una santidad cada vez mayor y más gozosa. Dios toma a gente pecadora y cambia sus vidas, haciendo que sean las manos de Él en un mundo de maldad. Cuando su pueblo se acerca a Él, dejando a un lado el pecado, sus buenas obras brillan con la naturaleza de su Salvador. ¿Brillarás hoy para Él?

Nuestro compañero

*Ocupaos en vuestra salvación
con temor y temblor.*

Filipenses 2:12

¡La salvación es un duro trabajo!
No sólo requirió la crucifixión de
Jesús por nuestros pecados, sino que
también tenemos parte en el esfuerzo.
Tenemos que vivir los mandamientos
de la Palabra de Dios que hacen que
nuestra fe impacte nuestro mundo. Pero
no tenemos que desanimarnos, porque
no estamos solas en este trabajo. Dios
actúa a través de nosotras, por su Espíritu.
¿Qué mejor compañero de trabajo
podríamos tener que el mismo Dios?

La gloria de Jesús

*De que Dios os haya escogido desde
el principio para salvación... a lo
cual os llamó... para alcanzar la
gloria de nuestro Señor Jesucristo.*

2 TESALONICENSES 2:13-14

¿Sabías que compartes la gloria de Jesús?
No porque estés haciendo un trabajo
maravilloso como cristiana, sino
simplemente porque Él decidió llamarte
a Él mismo. Dios escogió compartirse
contigo, y hacerte como su Hijo.
Diariamente, te llama a aprender más
de su magnificencia mientras le sigues
fielmente. ¿No es maravilloso compartir
aunque sólo sea un poco de la grandeza
de Dios?

Servir a Dios

Entrenamiento espiritual

*Toda la Escritura es...útil
para...instruir en justicia, a fin
de que el hombre de Dios sea
perfecto, enteramente preparado
para toda buena obra.*

2 TIMOTEO 3:16-17

¿Te habías dado cuenta de que Dios
te prepara para hacer buenas obras
cada día de tu vida? Como crees en Él,
te guiará a hacer el bien, siguiendo su
plan para tu vida. ¿Cómo empiezas?
Leyendo las Escrituras, su libro de
guía. Ahí aprenderás qué creer, cómo
actuar y cómo hablar con amor.
Pronto estarás lista para poner en
práctica todo lo que hayas aprendido.

SERVIR A OTROS

*Vosotros… a libertad fuisteis llamados;
solamente que no uséis la libertad como
ocasión para la carne, sino servíos
por amor los unos a los otros.*

GÁLATAS 5:13

Como mujeres, sabemos mucho sobre servir: servimos en muchos frentes y a veces nos preguntamos por qué nos ha tocado esto. Dios nos dice que nos liberó del pecado, no para hacer lo que queramos sino para poder compartir su amor. Si somos tentadas a cumplir nuestros propios deseos pecaminosos, acordémonos por qué estamos aquí: obedecemos a Jesús haciendo el bien a los demás. Si ese no es nuestro objetivo, necesitamos que Él nos redirija.

ESTÁS EQUIPADA

Y vosotros estáis completos en él, que es la cabeza de todo principado y potestad.

COLOSENSES 2:10

¿Te sientes incompleta o inadecuada, incapaz de llevar a cabo las tareas que Dios te ha dado? No lo eres, y lo sabes, si contactas con su Espíritu. Dios te equipa para hacer todas las cosas en Él. Si te sientes agobiada, asegúrate de no haberte apropiado de tareas que legítimamente les correspondan a otras personas. Dios no sobrecarga tu vida con ocupación. Él tiene un propósito para todo lo que haces, así que asegúrate de que estás sirviendo en el lugar correcto, haciendo la obra que Él ha planeado para ti.

Sácale partido

Puesto que todas estas cosas han de ser deshechas, ¡cómo no debéis vosotros andar en santa y piadosa manera de vivir!

2 Pedro 3:11

Sabiendo que el mundo no durará para siempre, ¿cómo deberíamos actuar? No tenemos la opción de que nada importa, en la que actuamos como si la eternidad no importase, porque Dios nos llama a vivir totalmente para Él. La destrucción del mundo no debería hacernos ser despreocupadas, sino vigilantes para sacar el máximo partido a nuestro tiempo. Al final, todo lo que hacemos aquí no se perderá sino que pasará a la eternidad.

Dones Espirituales

¡Tú tienes dones!

*Pero a cada uno le es
dada la manifestación
del Espíritu para provecho.*

1 Corintios 12:7

¿Sabías que eres una persona
con dones? Dios le da a cada una de
sus hijas dones espirituales diseñados
para ayudarles a ellas y a los demás:
sabiduría, conocimiento, fe, sanidad,
por nombrar algunos. A medida que
creces espiritualmente, comienzas
a desenvolver esos regalos de
Dios. Con el tiempo, puede que
seas sorprendida y bendecida al
ver cuántos dones Él ha provisto
para ti. ¿No te sientes importante?
¡Acuérdate de que
Dios te ha dado dones!

LA GRACIA ES UN DON

*Pero a cada uno de nosotros
fue dada la gracia conforme a
la medida del don de Cristo.*

EFESIOS 4:7

Normalmente no pensamos en la gracia
como un "don espiritual", pero considera
esto: Es la base para todos los demás
dones que Dios nos da. Sin su perdón
por gracia, no tendríamos nada
espiritualmente. Nuestros pecados nos
separan tanto, que sólo su perdón nos
permite acercarnos a Él. Ya sea que
recibamos una gran medida de gracia o
poca, es el don perfecto, dado por Jesús
sólo para nosotras. Apreciemos lo que
le costó y caminemos hoy en Él.

PARA SU GLORIA

Según la gracia que nos es dada…
úsese conforme a la medida de la fe.

ROMANOS 12:6

Tus dones espirituales están confeccionados especialmente para ti. Dios tiene un propósito para tu vida, y para ayudarte a alcanzarlo, te ha dado justamente los dones que necesitas, ni más, ni menos. ¿No te hace sentirte especial saber que Dios te ha dado los dones adecuados para ti? Dale gracias hoy por esos dones, y úsalos para la gloria de su reino y para ayudar a otros.

Extiéndete

*Procurad abundar en ellos para
edificación de la iglesia.*

1 Corintios 14:12

Las palabras de Pablo a los corintios
también eran para nosotras. Deberíamos
edificar la iglesia, y no a nosotras mismas,
a través de nuestros dones espirituales.
Cuando Dios te dio una combinación
especial de habilidades espirituales, no
fue para hacerte sentir importante. Él lo
diseñó para ayudarte a alcanzar a los que
necesitan aceptarle como Salvador y para
apoyar a creyentes que también tienen tu
misión de alcanzar al mundo. ¿Es así
como estás usando tus dones hoy?

Fortaleza

En su poder

Todo lo puedo en Cristo
que me fortalece.

FILIPENSES 4:13

¿Necesitas fortaleza? Acude a Dios
para todo lo que necesitas. ¿Por
qué vivir la vida tú sola cuando Él
te ofrece todo lo que necesitas?
A menudo, como cristianas
obedientes, hacemos grandes
esfuerzos con nuestros débiles
músculos espirituales, pero al final
nuestra propia fuerza siempre falla.
Cuando el Espíritu de Cristo trabaja
a través de nosotras, la vida cristiana
fluye suavemente, y en su poder
logramos cumplir sus propósitos.
¿Está Cristo llevando hoy la carga, o
nosotras? Sólo Él tiene la fuerza que
necesitamos en nuestras vidas.

Fortaleza cristiana

*Por lo demás, hermanos míos, fortaleceos
en el Señor, y en el poder de su fuerza.*

Efesios 6:10

Cuando confías en la fuerza de Dios,
¿con qué cuentas? No con un pequeño
estanque de poder que falla en el crítico
momento. La fortaleza cristiana es
poderosa, porque Dios es poderoso. El
que creó el universo no tiene un brazo
corto que no puede llegar hasta tu
situación. Las estrellas que brillan testifican
de su autoridad. Las galaxias en el espacio
están ordenadas por su mano. ¿Acaso no
podrá Él ordenar también tu vida? Pídele
que use su fuerza en tu vida, y tendrás
todo lo que necesitas.

TEN VALOR

Velad, estad firmes en la fe;
portaos varonilmente, y esforzaos.

1 CORINTIOS 16:13

Ser cristiana puede necesitar de mucho valor. A medida que el mundo a nuestro alrededor se hace cada vez más hostil para Dios y nuestras vidas personales se tensan debido a nuestras creencias, sentimos el desafío. Pero no estamos indefensas. Los cristianos durante siglos han afrontado estos problemas y han vencido. El Señor que les ayudó también nos da fortaleza. Vivamos por Jesús, pidiéndole a su Espíritu que fortalezca nuestras vidas. Sólo así seremos fuertes.

175

LEVANTA A OTRAS

*Así que, los que somos fuertes debemos
soportar las flaquezas de los débiles,
y no agradarnos a nosotros mismos.*

ROMANOS 15:1

Así, Dios te ha hecho fuerte en algún área,
quizá por la experiencia, al haber tenido
que luchar para obedecerle. Ahora bien,
¿cómo respondes a otras? No critiques a
las que tienen experiencias diferentes u
otras fortalezas, ni te quejes de los fallos
de las cristianas nuevas y débiles. En vez
de eso, usa tu poder para levantar a otras.
Ponte a su lado y ayuda, y así la fortaleza
de Dios les habrá ayudado a las dos.

BUSCA SU FORTALEZA

Nuestra competencia proviene de Dios.

2 CORINTIOS 3:5

¿Te sientes incapaz de vivir la vida? Pablo sabe cómo te sientes. Él no se veía a sí mismo como el apóstol perfecto que nosotros solemos ver. Conociendo sus propios defectos y fallos, Pablo reconocía la obra que Jesús hacía en él cada día. Dios hizo a su siervo suficiente para sus tareas, y Él lo hará también contigo mientras caminas en fe y buscas su fortaleza.

Éxito

Prosperarás

*No te apartes de ella [la Ley]...
para que seas prosperado en
todas las cosas que emprendas...
sino que de día y de noche
meditarás en él [el libro de la Ley].*

JOSUÉ 1:7-8

Dios le prometió el éxito a Josué si
obedecía su Palabra. Esa promesa
funciona también para ti, pero a veces
puede que no sientas que obedecer
a Dios te haya aportado prosperidad
alguna. Espera un poco. Puede que
lleve algo de tiempo, porque el éxito
no viene como tú esperas, o puede
que no veas los resultados hasta que
estés en el cielo, pero Dios prosperará
a las que hacen su voluntad. Él lo
prometió, y su promesa nunca falla.

BENDICIONES ETERNAS

El hombre de verdad tendrá muchas bendiciones; mas el que se apresura a enriquecerse no será sin culpa.

PROVERBIOS 28:20

Fidelidad a Dios o éxito en el mundo:
¿has tenido que escoger entre las dos?
Perseguir los objetivos del mundo te
aporta beneficios a corto plazo, pero
sólo Dios da bendiciones continuas y
abundantes a quienes ponen el servicio a
Dios en primer lugar en sus vidas. Aunque
las bendiciones del mundo puedan
durar un día, un año o unos pocos años,
no pueden permanecer eternamente.
Cuando consideres el éxito, piensa en
el que realmente perdura.

Viviendo en Él

Pero los mansos heredarán la tierra,
y se recrearán con abundancia de paz.

Salmo 37:11

Puedes llamar a esto la definición de Dios del éxito: una tierra rentable que provee para su pueblo y la paz de Él que provee una vida bendecida. Nota que el dinero y las posesiones no se mencionan, pero la paz de vivir en Él fluye libremente para quienes habitan en Él. ¿Sería esto éxito para ti? Si no, ¿qué te dice eso sobre tu vida espiritual?

ÉXITO REAL

Oh Jehová, sálvanos ahora,
te ruego; te ruego, oh Jehová,
que nos hagas prosperar ahora.

SALMO 118:25

¿Está mal orar para tener éxito? No. Pero
nota que la Biblia conecta el éxito con
la salvación de Dios. La prosperidad
o cualquier otro logro significan poco
cuando están separados de la voluntad de
Dios y de nuestra obediencia a Él. Cuando
pides para obtener algo, ¿buscas siempre
la gracia salvadora de Dios en esa parte
de tu vida? Si es así, tendrás un éxito real:
bendiciones espirituales y temporales.

Tentación

Escotilla de escape

No os ha sobrevenido ninguna tentación que no sea humana; pero fiel es Dios… que dará también juntamente con la tentación la salida, para que podáis soportar.

1 CORINTIOS 10:13

No importa lo poderosa que parezca, no tienes por qué caer en la tentación. Dios siempre provee una escotilla de escape. Cuando la tentación tire de ti, pon tus ojos en Jesús, reemplaza ese objeto tentador por Él y no caerás.

Pídele a Jesús

*Pues en cuanto él mismo padeció
siendo tentado, es poderoso para
socorrer a los que son tentados.*

Hebreos 2:18

¿Por qué puede Jesús ayudarnos cuando
llega la tentación? Porque Él ha caminado
un buen trecho por donde nosotras. Él
sabe lo mucho que nos atrae el pecado,
pero como Él nunca cayó presa de él,
puede mostrarnos eficazmente cómo
resistir incluso la seducción más fuerte.
Los mayores errores que cometemos son
no clamar a Él y no buscar su poderosa
ayuda persistentemente, cuando Satanás
nos atrae repetidamente hacia el pecado.
¿Necesitas ayuda? Pídesela a Jesús.

Apóyate en Jesús

Así que, si el Hijo os libertare,
seréis verdaderamente libres.

Juan 8:36

A veces no nos sentimos liberadas del pecado. Las tentaciones nos empujan, aunque amamos a Jesús. Así que sus palabras aquí pueden ser al mismo tiempo confortantes y desafiantes. Los judíos querían confiar en su historial espiritual, no en Dios. Ese plan no les funcionó bien, y tampoco nos funcionará a nosotras. No podemos confiar en la historia o en nuestros hechos pasados para dejar el pecado atrás. ¿Qué funciona, entonces? Apoyarse en Jesús cada día, ¡confiando en que Él nos haga verdaderamente libres!

DIOS ES MAYOR

Sino que cada uno es tentado,
cuando de su propia concupiscencia
es atraído y seducido.

SANTIAGO 1:14

Dios no nos mete en la tentación. Él es
santo, incapaz de tentar a nadie a hacer
el mal. La atracción del pecado viene
de dentro de nosotras, porque nuestros
malos deseos nos llevan al pecado.
Cuando afrontamos situaciones que
alientan nuestra propia maldad, no son
diseñadas por Dios para hacernos caer,
sino que proveen oportunidades para
acudir a Él y apartarnos progresivamente
de la iniquidad. Ningún mal dentro de
nosotras es más grande que Dios.

La protección de Dios

*Sabe el Señor librar de tentación a
los piadosos, y reservar a los injustos
para ser castigados en el día del juicio.*

2 Pedro 2:9

¿Te sientes rodeada de tentaciones? Dios
no se ha olvidado de ti. Él sabe cómo
proteger a sus hijas del daño y además les
ofrece su sabiduría. Quizá necesites evitar
lugares que podrían llevarte al pecado;
eso puede significar emprender acciones
como encontrar otro trabajo o nuevas
amistades. Cuando Dios está intentando
protegerte, no te resistas. El pecado
nunca es mejor que conocer a Dios.

Agradecimiento

Da gracias

*Alabad al Dios de los dioses,
porque para siempre es
su misericordia.*

SALMO 136:2

¿Tienes problemas con el hecho de ser agradecida? Lee el salmo 136. Te recordará las maravillas del poder de Dios y su resistente amor. El Dios que protegió a Israel cuida también de ti. Aun cuando haya pocas cosas en tu vida por las que gozarte, siempre puedes deleitarte en Él. Dale gracias a Dios. Él no se ha olvidado de ti; su amor es para siempre.

Dios salva

*Te alabaré porque me has oído,
y me fuiste por salvación.*

Salmo 118:21

Este versículo no lo escribió un creyente
recién convertido. El salmista le da gracias
a Dios no sólo por amarle lo suficiente
como para arrancarle de las garras del
pecado original, sino que este hombre
de fe maduro reconoce que Dios le salva
cada día, siempre que está en problemas.
Dios también hace eso en tu vida.
¿Qué salvación ha realizado en tu vida
recientemente? ¿Por qué cosa tienes
que darle gracias ahora?

APRECIO ETERNO

Jehová Dios mío, te alabaré para siempre.

SALMO 30:12

Incluso en la eternidad, le darás gracias a Dios. El aprecio de la misericordia de Dios por su pueblo nunca cesa. Sin su gracia, estaríamos separadas de Él para siempre, perdidas en el pecado y en una existencia de muerte, y la dicha de una eternidad celestial no podría ser nuestra herencia. ¿Podrías darle demasiadas gracias a Jesús ahora? ¿O podrías encontrar las palabras suficientes para mostrarle tu amor? Quizá es tiempo de comenzar tu aprecio eterno por tu Señor.

APRECIO DESBORDANTE

*Andad en él [Jesús] arraigados y
sobreedificados en él, y confirmados en
la fe, así como habéis sido enseñados,
abundando en acciones de gracias.*

COLOSENSES 2:6-7

Las cristianas fuertes son cristianas
agradecidas. Cuando nos damos
cuenta de todo lo que Jesús ha sacrificado
por nosotras y apreciamos nuestra
incapacidad de vivir la vida cristiana por
nosotras mismas, nos acordamos de
alabar a nuestro Salvador por su gracia.
Hoy, podemos estar arraigadas en Jesús,
fuertes en nuestra fe, y agradecidas con
Aquel que nos ha dado estas bendiciones.
¡Que nuestro aprecio se desborde!

MARAVILLOSAS GRACIAS

Alabad a Jehová, porque él es bueno,
porque para siempre es su misericordia.

SALMO 136:1

Ahora, honestamente, ¿cómo respondes a este llamado a dar gracias? ¿Salta tu corazón por la oportunidad de hacerlo, o te golpea con un ruido sordo? ¿Por qué es tan importante darle gracias a Dios? Porque Él siempre será misericordioso contigo. Ya sea que te goces fácilmente o que golpees el suelo con un golpe seco, si has confiado en el Salvador, Él te sigue amando. ¿No es eso algo maravilloso por lo que darle gracias?

Problemas

Dios nos llama a gozarnos

Hermanos míos, tened por sumo gozo cuando os halléis en diversas pruebas.

SANTIAGO 1:2

¿Gozo? ¿Hallarnos en diversas pruebas debería causarnos gozo? Es difícil de imaginar, ¿verdad? Pero Dios nos llama a gozarnos cuando nos persigan los no creyentes por causa de nuestra fe o cuando nuestra situación será meramente difícil. Es un gozo para Él que estemos firmes en la fe, y nos llama a compartir su deleite. Eso no significa que busquemos pruebas, sino que afrontemos la situación de la mano de Dios. En las pruebas, nuestra fuerza espiritual aumenta.

PON TU MIRADA EN EL CIELO

*Porque esta leve tribulación momentánea
produce en nosotros un cada vez más
excelente y eterno peso de gloria.*

2 CORINTIOS 4:17

¿Qué dificultad podrías afrontar en la tierra
que no pareciera pequeña en el cielo?
Ningún dolor de esta vida te dificultará
que llegues allí. La bendición por el fiel
servicio a Dios reemplazará cada dolor que
te desanima hoy. Cuando las pruebas y las
dificultades te acosen, pon tu mirada en el
cielo. Jesús te promete una recompensa
eterna si mantienes tus ojos en Él.

El gozo está delante

*Para que sometida a prueba vuestra fe,
mucho más preciosa que el oro, el cual
aunque perecedero se prueba con fuego,
sea hallada en alabanza, gloria y honra
cuando sea manifestado Jesucristo.*

1 Pedro 1:7

Las pruebas tienen un propósito en
nuestras vidas. Al igual que un herrero
calienta el oro para purificarlo, Dios
calienta nuestras vidas para que surjan
las impurezas espirituales a la superficie.
Si cooperamos con Él, el pecado se va
de nuestras vidas, purificando nuestra fe.
Unas vidas limpias traen gloria a Dios y
gozo a nosotras. Si te espera una prueba
hoy, visualiza el gozo que está delante.

Esperanza sólo en Dios

*Por la misericordia de Jehová no hemos
sido consumidos, porque nunca
decayeron sus misericordias.*

Lamentaciones 3:22

A pesar de sus grandes problemas,
mientras Jeremías se lamentaba por el
exilio de Judá, la esperanza permanecía
en su corazón. Aunque él y su nación
afrontaban unas pruebas terribles, el
profeta entendió que Dios todavía les
levantaría. La compasión de Dios nunca
le falla a su pueblo herido. No importa
cuánto batallemos, podemos compartir la
esperanza del profeta. Sólo Dios consuela
nuestros corazones mientras caminamos a
trompicones por la senda pedregosa.

Su preocupación

Claman los justos, y Jehová oye,
y los libra de todas sus angustias.

Salmo 34:17

Como hija de Dios, dispones de su oído
24/7 cada vez que ores. Cada necesidad,
problema o alabanza le interesa, y Él no
sólo escuchará de tus pruebas, sino que
te librará de ellas. ¿Te sientes desanimada
por tus problemas? No tienes por qué
quedarte así. Pasa tiempo con Jesús,
porque su ayuda está en camino.

Sabiduría

Sabiduría en Dios

Sabiduría ante todo; adquiere sabiduría; y sobre todas tus posesiones adquiere inteligencia.

PROVERBIOS 4:7

¿Alguna vez has pensado en ti misma como en alguien sabia? La Biblia dice que puedes serlo, y no necesitas para ello mucha educación o un cierto coeficiente de inteligencia. La verdadera sabiduría se encuentra en Dios. Simplemente obedece los mandamientos de tu Señor y haz que tu primera prioridad sea conocerle. Persigue la sabiduría, y la encontrarás en Él. A medida que busques diariamente la verdad en la Palabra, tu entendimiento crecerá.

Mejores caminos

*Pues ya que en la sabiduría de Dios,
el mundo no conoció a Dios mediante
la sabiduría, agradó a Dios salvar a los
creyentes por la locura de la predicación.*

1 Corintios 1:21

Para este mundo, la sabiduría de Dios
no parece muy sabia. Cualquiera que
niega a Jesús está ciego a la profundidad
de la sabiduría que Dios mostró al enviar
a su Hijo a morir por nosotras cuando
le levantó de los muertos. Pero las que
aceptan su sacrificio, entienden que los
caminos de Dios son mejores que los
nuestros y su sagacidad es muchísimo
mayor que la nuestra. A medida que su
sabiduría llena las que en otro tiempo
fueron vidas necias, obtenemos una
nueva perspectiva de su percepción.

SABIA HUMILDAD

*¡Ay de los sabios en sus propios ojos,
y de los que son prudentes
delante de sí mismos!*

ISAÍAS 5:21

La sabiduría sin humildad no es
sabiduría. Cuando nos sentimos
astutas en nuestro propio poder, de
hecho estamos en problemas ¡y nos
dirigimos hacia la necedad! La persona
verdaderamente sabia reconoce que toda
la sabiduría viene de Dios, no de frágiles
humanos. Cuando nos sintonizamos
con su mente y nos conectamos con su
sagacidad, realmente somos sabias.
No hay nadie más sabio que Él.

PALABRAS SABIAS

*Abre su boca con sabiduría, y la ley
de clemencia está en su lengua.*

PROVERBIOS 31:26

La boca de la mujer virtuosa habla
palabras amables. Su lengua no es
afilada, que destruye relaciones. Cuando
queremos hacer la voluntad de Dios,
debemos hablar la verdad pero con
cuidado. Las palabras sabias sanan
los corazones heridos. Si nos cuesta
saber qué palabras traen la sanidad de
Dios, sólo tenemos que pedirle que su
Espíritu traiga sabiduría y amabilidad a
nuestra boca y a nuestra lengua. Cuando
hablamos bajo la dirección de su Espíritu,
realmente somos sabias.

Busca consejo

*El camino del necio es derecho
en su opinión; mas el que obedece
al consejo es sabio.*

PROVERBIOS 12:15

Escuchar a quienes son sabias también
nos aporta sabiduría. Antes de tomar
decisiones importantes, necesitamos
buscar el consejo de otras personas.
¿Cómo podemos reconocer a las que
son sabias? Las que tienen experiencia,
fe y que han tomado decisiones que han
bendecido sus vidas pueden transmitirnos
su sabiduría también. ¿Hay alguna persona
sabia a la que debas consultar ahora?

Testimonio

Haz brillar tu luz

Vosotros sois la luz del mundo;
una ciudad asentada sobre un
monte no se puede esconder.

MATEO 5:14

La intención de Dios es que seas
una luz asentada donde el mundo
pueda verla claramente, no una llama
escondida detrás de una puerta,
con las cortinas echadas. Ser una luz
no siempre es fácil; la gente ve todo
lo que haces, y no siempre les gusta.
No dejes que las críticas te detengan.
Tus obras fueron ordenadas para
glorificar a Dios, no para agradar
a la gente. Sabiendo esto, ¿estás
listas para brillar hoy?

COMPARTE SU AMOR

*Para que la participación de tu fe
sea eficaz en el conocimiento de todo el
bien que está en vosotros por Cristo Jesús.*

FILEMÓN 1:6

A muchas de nosotras nos cuesta
compartir nuestra fe, por eso cuando
oímos el ánimo de Pablo a Filemón,
nuestro corazón se alegra, sabiendo que
no somos las únicas a las que les cuesta.
¿No vale la pena el desafío de testificar
a otros, una vez que hemos leído esta
promesa? La salvación de otros y nuestra
propia apreciación de nuestro Señor:
¿podríamos tener mejores razones
para compartir su amor?

PALABRAS AMABLES

*Sea vuestra palabra siempre con gracia,
sazonada con sal, para que sepáis
cómo debéis responder a cada uno.*

COLOSENSES 4:6

Tus palabras son una parte vital de tu
testimonio. Habla a alguien no creyente
de malas maneras y es muy probable
que nunca se le olvide. Pero estudia y
crece en la Palabra; después habla sabia y
generosamente a otras y Dios puede usar
tus palabras para ganarlas para su reino.
La gente responde bien a las palabras
amables y sazonadas. ¿Qué están
diciendo hoy tus palabras?

Apártate del mal

Ahora, pues, ninguna condenación hay
para los que están en Cristo Jesús,
los que no andan conforme a la carne,
sino conforme al Espíritu.

Romanos 8:1

¡Ninguna condenación! ¡Qué pensamiento
tan maravilloso para los pecadores!
Al haber sido perdonadas, conocemos
el consuelo de tener el cielo como
nuestro destino final, ¿pero hemos leído
también la segunda parte del versículo?
No es una bandera blanca que da el
visto bueno al pecado. El gozo de
nuestra libertad debe llevarnos a
apartarnos de todo mal. Nuestro
Señor da la fuerza para crecer en Él.

La salvación misericordiosa de Dios

*No paguéis a nadie mal por mal; procurad
lo bueno delante de todos los hombres.*

Romanos 12:17

Retribuir el mal con el ojo por ojo no es un
principio de nuestro Dios misericordioso.
Entendemos esto si hemos experimentado
su inmerecida salvación. Con un regalo
así, Dios ha abierto nuestro corazón para
tratar a nuestros enemigos como Él nos ha
tratado a nosotras. Si no contamos cada
mal que nos han hecho y no respondemos
con dureza, las almas perdidas podrán
entender la salvación misericordiosa de
Dios. Haciendo el bien, incluso cuando
recibimos mal a cambio, nos convertimos
en testigos poderosos.

VIVE EL PERDÓN

Antes sed benignos unos con otros,
misericordiosos, perdonándoos unos a
otros, como Dios también os perdonó
a vosotros en Cristo.

EFESIOS 4:32

Como todas las cristianas son pecadoras perdonadas, y no gente perfecta, la necesidad de perdón no se detiene en la puerta de la iglesia. Así que Pablo nos llama no sólo a vivir de manera compasiva con el mundo, sino dentro de nuestras congregaciones también. Cuando dejamos a un lado el enojo y otras malas actitudes, vivimos el perdón que todos los creyentes han recibido. ¿Hay alguna forma mejor de compartir su amor?

Trabajo

Herederas de la tierra

Bienaventurados los mansos,
porque ellos recibirán la
tierra por heredad.

MATEO 5:5

En el mundo laboral, la mansedumbre no se suele ver como algo positivo. "Llegar a ser el número uno" es la teoría de muchas que pregonan con firmeza mientras sacan el máximo partido a la vida. Pero Dios no dice eso. Al final, las que le siguen fielmente y muestran su creencia al mundo no serán las "buenas" que "terminan las últimas", sino las herederas de esta tierra. ¿Qué parte de la tierra podría tener Dios para ti?

TODO PARA DIOS

Y todo lo que hagáis, hacedlo de corazón,
como para el Señor y no para los hombres.

COLOSENSES 3:23

¿Sabías que realmente no estás trabajando
para tu jefe? Sí, trabajas para el que
contrató tu compañía en esa posición,
pero al final, tú lo haces todo para Dios,
no para un hombre o una mujer. Así que,
aunque tu jefe no sea alguien digno para
el que trabajar, acuérdate de que tú le
das cuentas a Jesús. No importa quién
tiene la posición por encima de ti, tu Señor
siempre está a cargo de tu futuro.

Negocio serio

Y que procuréis tener tranquilidad,
y ocuparos en vuestros negocios,
y trabajar con vuestras manos
de la manera que os hemos mandado.

1 Tesalonicenses 4:11

Ya sea que trabajes con una computadora
o en una línea de producción industrial,
las que trabajamos con nuestras manos no
deberíamos sentirnos poco importantes.
El trabajo manual es un negocio serio a
ojos de Dios. Las cristianas que de forma
callada y fiel van a sus empresas cada
día, hacen una contribución importante,
llevando el mensaje de Dios a un gran
grupo de gente. Qué testimonio suponen
nuestras vidas cuando vivimos
este versículo.

El favor de Dios

Sea la luz de Jehová nuestro Dios
sobre nosotros, y la obra de nuestras
manos confirma sobre nosotros.

SALMO 90:17

¿Quieres que tu trabajo sea eficaz? No
te asegures de que tu jefe sepa todo lo
bueno que haces. Busca el favor de Dios, y
Él se ocupará de que tu trabajo realmente
sea productivo, ya sea que estés cuidando
de un niño, defendiendo un caso legal
o esperando a un cliente. Nuestro Señor
hace que sus hijas sean productivas para
Él mientras sirven a otros en su nombre.

Mundanalidad

Sin transigencias

*No améis al mundo, ni las
cosas que están en el mundo.
Si alguno ama al mundo,
el amor del Padre no está en él.*

1 JUAN 2:15

Es probable que este versículo
nos pegue de lleno. Los caminos
del mundo nos tientan más de lo
que estamos dispuestas a admitir;
pero cuando sentimos el tirón de lo
mundano, ¿recordamos que hemos
tomado una decisión más grande
de amar a Dios? No vale la pena que
seamos transigentes con nuestra
fe para ganar las cosas pequeñas
y temporales. Guardemos nuestro
amor para Aquel que realmente
lo merece.

Más que temporal

No temas cuando se enriquece alguno,
cuando aumenta la gloria de su casa;
porque cuando muera no llevará nada,
ni descenderá tras él su gloria.

SALMO 49:16-17

Así es como lo dice la Biblia: "No te
lo puedes llevar contigo". Cuando la
vida se acaba, los únicos tesoros que
permanecen son las obras que hayamos
hecho para Jesús. El dinero y la fama
se quedan en esta tierra, y pronto se
olvidarán. Así que cuando te parezca que
todas las no creyentes se llevan todo lo
bueno, tan sólo recuerda que los tesoros
que enviamos al cielo son mayores que
cualquier ganancia temporal.

Le perteneces a Jesús

*Si fuerais del mundo, el mundo amaría
lo suyo; pero porque no sois del mundo,
antes yo os elegí del mundo,
por eso el mundo os aborrece.*

JUAN 15:19

No esperes que el mundo te ame por amar
a Jesús. Como Él no aceptó la maldad
del mundo, y tú tampoco, el mundo está
en guerra con los dos. Eso no es malo.
¿A quién prefieres pertenecer: a Jesús,
que sostiene en sus manos el gozo de la
eternidad, o al mundo, que ofrece
tanto pecado y dolor?

AMISTAD PARA BENEFICIO DEL REINO

*Y yo os digo: Ganad amigos por
medio de las riquezas injustas, para
que cuando éstas falten, os reciban
en las moradas eternas.*

LUCAS 16:9

Hay una manera buena de usar las cosas
del mundo, y Jesús lo describe aquí. Dios
nos ha dado las riquezas para compartirlas
con otros, haciendo uso de ellas para
extender el reino de Dios. Aunque puede
que no tengamos más que una olla de
sopa y algo de pan que ofrecer, esas cosas
pueden ser el comienzo de una amistad
para beneficio del reino. ¿Qué tienes que
Dios pueda usar de esta forma?